꿈꾸는
옵티미스트

홍준표 지음

창녕 남지가 고향이다. 그러나 농사와 막노동하던 아버지를 따라 유랑하느라 초등학교 때 창녕 남지초등학교, 대구 신천초등학교, 대구 신암초등학교, 창녕초등학교, 합천의 학남초등학교 등 무려 다섯 번이나 전학을 다녀 그에겐 고향이 여럿이다. 어머니가 39살, 아버지가 41살이 되어서야 태어난 저자는 1남 3녀 중 외아들로 집안의 기대를 한 몸에 받고 자랐다. 가정 형편이 어려워 끼니를 물로 채워야 했고, 홍수로 인해 집이 잠긴 적도 많았다. '제 가난은 마음이 아니라 몸으로 기억되고 있습니다.'라고 말한 것도 이러한 배경 때문이다. 그래도 공부하나만큼은 잘하여 1972년 영남고 졸업, 1977년에 고려대학교 법과대학 졸업, 1982년도에 치러진 사법고시에 합격하게 된다. 1985년부터 1995년까지 청주·울산·광주·서울에서 검사 생활을 하며 성역 없는 수사를 진행했으며, 당시 대통령의 측근과 연루된 슬롯머신 게이트를 파헤치면서 SBS 드라마 〈모래시계〉의 실제 검사로 알려지게 된다. 그러나 검찰 내부의 비리를 계속해서 파헤친 탓에 11년간 입은 검사복을 벗게 된다. 이때를 기점으로 저자는 검사에서 정치인으로 변신을 하게 됐다. 1996년부터 2012년까지 제15·16·17·18대 국회의원을 지냈으며, 2006년부터 2008년까지 국회 환경노동위원장을 맡았다.

또 2008년부터 1년간 한나라당 원내대표직을, 2013년까지는 대한태권도협회 회장을 맡았다. 2010년에서 2012년까지 한나라당 서민정책특별위원장을, 또 2011년엔 한나라당 대표최고위원을 역임했다. 2012년 12월부터는 중앙정부에서 지방으로 거처를 옮기게 되는데 제35대, 36대 경상남도 도지사로 재직하며, 전국 광역지자체 중 최초로 채무제로를 달성하게 이른다. 2017년 자유한국당 19대 대통령 후보로 대선에 나섰고, 같은 해 7월부터 2018년 6월까지 자유한국당 당대표를 지냈다. 2008년 백봉 신사상을 수상했으며, ≪홍 검사, 당신 지금 실수하는 거요≫, ≪이 시대는 그렇게 흘러가는가≫, ≪나 돌아가고 싶다≫, ≪변방≫, ≪꿈꾸는 로맨티스트≫ 등의 저작물을 남겼다.

홍준표의 **facebook** 희망편지②

꿈꾸는 옵티미스트

봄봄
스토리

프롤로그

세상이 변했습니다.

아침에 조간신문을 보고 저녁에 TV 뉴스를 보면서 세상을 판단하던 아날로그 시대를 살아온 우리로서는 상상하지도 못할 IT 혁명의 시대에 살고 있습니다.

스마트 폰 하나로 모든 세상 정보를 다 볼 수 있고 유튜브로 세상의 진실을 모두 보고 들을 수 있는 1인 미디어 시대가 되었습니다. 제도권 언론의 편향성이 신문과 방송을 외면하게 만들었고 무지와 탐욕의 대의 민주주의는 직접 민주주의로의 회귀를 만들어 냈습니다.

내가 페이스북을 일기처럼 매일 쓰는 것은 국민과의 직접 소통하는 방법이기도 하지만 더 중요한 것은 제도권 언론의 편향성 때문입니다.

트럼프는 트위터 하나로 반 트럼프 진영의 모든 언론을 상대합니다. 이제 우리도 그런 시대가 도래했음을 곧 알게 될 겁니다.

'TV홍카콜라'를 개국하는 것도 이 나라 방송을 믿지 못하기 때문입니다.

한때 시청률 40퍼센트에 이르던 공영방송의 뉴스가 10퍼센트 이하로 떨어지고 어느 공영 방송은 뉴스 시청률이 1퍼센트라고도 합니다.

신문 구독 부수도 날로 떨어지고 있고 어느 신문은 구독자 수가 절반으로 떨어져 사실상 경영상 어려움을 겪고 있다고도 합니다.

세상이 변했다는 거지요.

내가 페이스북과 'TV홍카콜라'를 통해서 팩트와 정보를 국민들에게 직접 전달하려고 하는 이유도 변하고 있는 세상의 흐름에 부응하기 위해서 입니다.

매일같이 일기처럼 쓰는 페이스북은 내 인생의 기록이자 내 생각을 정리하여 후대에 남기는 개인 실록입니다.

지난 번 〈꿈꾸는 로맨티스트〉에 이어 이번에는 〈꿈꾸는 옵티미스트〉라는 제목으로 두 번째 페이스북 기록을 책으로 발간합니다.

앞으로도 내가 꿈꾸는 세상에 대한 희망과 비전을 모아 시리즈로 계속 발간할 것입니다.

자유 대한민국을 위하여!

프리덤코리아를 위하여!

2018년 11월

2018.2.27.(화)

자유 대한민국의 안보에 최악의 시나리오가 추진되고 있는 것을 5,000만 국민과 함께 우려합니다.
문 정권은 김영철을 한국으로 불러들여 북핵동결과 ICBM개발 중단을 내세워 북핵문제를 임시방편으로 해결하려고 하고 있습니다.
이것은 2000년 6월 DJ가 평양에서 남북정상회담 쇼를 하고 서울에 와서 "한반도에서 이제 전쟁은 없다."라고 5,000만 국민들을 속인 희대의 위장평화 쇼와 궤를 같이 합니다.
미국의 입장에서도 당장은 북핵문제의 긴박성을 피해갈 수 있으니 일견 동의할 수 있는 것일 수도 있고, 문 정권의 입장에서는 북핵폐기의 전단계라고 강변하면서 큰 성과라고 대국민 사기 쇼를 할 수 있으니 북핵 동결과 ICBM 개발 중단을 북핵 해결의 최종 목표로 협상하고 있는 것으로 보입니다.

우리 자유한국당은 이러한 2000년 6월 DJ에 이어 5,000만 국민의 생명과 재산을 위협하는 문 정권의 위장평화 쇼를 극력 저지할 것입니다.

북핵을 이고 끝임 없는 협박과 공갈에서 살아야 하는 5,000만 국민들을 구하기 위해 국제사회 공조와 굳건한 한·미·일 동맹으로 북핵을 폐기하고 자유 대한민국을 지킬 것입니다.

북핵폐기 특위를 가동하여 본격적으로 대 국민운동에 나서겠습니다.

국민 여러분들의 적극적인 참여를 당부 드립니다.

북핵을 폐기할 수 있는 마지막 기회입니다.

더 이상 북측에 속아서는 안 됩니다.

깨어 있는 국민이 자유 대한민국을 지킵니다.

2018.3.1.(목)

3.1절을 앞두고 이은재 의원이 일본말인 겐세이를 사용했다고 막말이라고 비난하는 것을 보고 참 어이가 없었습니다.
내가 일본을 방문했을 때 아베 총리에게 가볍게 목례한 것을 두고 친일파라고 비난하고 대일 굴욕외교를 했다고 비난한 것과 궤를 같이 하는 것입니다.
나는 일제강점기에 징용에 끌려갔던 내 아버지를 둔 사람입니다.
그것을 일본 정부에게도 당당하게 말하고 회담을 했습니다.
세계화 시대에 유독 일본어만 사용해서는 안 된다는 국민정서법만 고집하는 것도 옳지 않습니다.
그러면 최근 널리 사용하는 미투 운동도 '나도 당했다'고 고쳐서 사용해야 하지 않습니까? 본질은 제쳐 놓고 말 꼬리만 잡아서 막말 운운하는 것은 본질을 흐리기 위한 술책에 불과합니다.
가장 최근의 희대의 막말은 문정인 특보라는 사람이 말한 "한국대통령이 주한미군 나가라고 한다면 나가야 한다."는 그 말이 가장 악질적인 막말이지요.
4년도 남지 않은 문 정권이 나라의 백년안보를 함부로 하겠다는 그 말이 막말이 아니고 무엇이라는 말입니까?
그 말에 대해서는 침묵하고 이은재 의원의 말만 막말이라고 비난하는 현실이 안타깝습니다.
한국사회가 본질은 외면하고 지엽 말단적인 것에만 집착하는 괴벨스식 선동사회로 가고 있는 것을 우려합니다.

2018.3.2.(금)

문 정권은 소위 적폐청산이라고 하면서 지난 우파정권 때 보수우파 지원, 우대정책을 블랙리스트로 규정하고 모조리 사법처리를 했습니다. 그 결과 지금 방송과 문화계는 함량 미달의 좌파들만 설치고 있고 보수우파들은 아예 출연 자체가 봉쇄당하거나 출연을 기피하고 있습니다.

나는 지난 대선 때부터 소위 블랙리스트라는 것은 대통령의 통치행위로 사법심사의 대상이 아님을 일관되게 주장해 왔습니다.

마찬가지로 지난 정권의 보수우파의 가치를 담은 모든 정책도 모두 대통령의 통치행위라고 주장해 왔습니다.

그러나 그들은 이를 모두 직권남용 등으로 사법처리했습니다.

똑같은 논리로 앞으로 정권이 바뀌면 좌파정권에 앞장섰던 사람들도 모두 사법처리의 대상이 된다는 잘못된 선례를 남겼습니다.

대북 대화 구걸정책에 앞장서 행동하고 있는 국정원장, 통일부장관, 청와대 주사파들도 이제는 대통령의 통치행위 수행자라고 할 수가 없고 국가보안법상 이적행위가 됩니다.

보복의 일념으로 보수궤멸의 일념으로 국정을 수행하고 있는 저들의 보복정치가 앞으로도 계속된다면, 똑같은 방법으로 자신들도 당할 수 있다는 것을 알아야 합니다.

모래성 같은 권력에 취해 불나방 같은 행동을 보면서 측은하다는 생각이 듭니다. 늦기 전에 자신들을 한번 돌아보시기 바랍니다.

지금은 미·중 대결구도에서 자유 대한민국을 지켜야 할 때입니다.

2018.3.3.(토)

2차 대전 직전 영국 국민들은 히틀러의 위장평화공세에 속아 대독 유화 정책을 편 네빌 챔버레인 수상에 압도적인 지지를 보냈습니다. 그러나 2차 대전 발발 직후 영국 국민들은 그것이 히틀러의 위장평화 공세에 속은 챔버레인의 무능이었다는 것을 뒤늦게 알았지만 때는 이미 늦었고 영국은 전쟁의 참화 속에 수많은 국민들이 죽고 고통스런 세월을 보냈습니다.

전쟁은 힘의 균형이 무너질 때 발발합니다. 한·미·일 동맹의 균열이 오면 핵무장을 한 북측과 군사적 힘의 균형이 무너지고 한반도는 일촉즉발의 위기에 처하게 됩니다.

문 정권의 한·미·일 동맹 이완과 대북 대화 구걸정책으로는 한반도의 평화를 구하기는 어려울 겁니다.

문 정권의 대북 대화 구걸정책과 대북 특사 운운도 북의 핵완성 시간만 벌어주는 챔버레인의 대독 유화정책과 유사합니다.

문 정권의 이러한 대북 정책으로 한·미·일 동맹의 균열이 오고 미국으로부터 벌써 시작된 심상치 않은 경제제재를 받게 된다면 그것은 고스란히 국민들의 참을 수 없는 고통으로 돌아옵니다.

김정은의 위장평화 공세에 손발 맞출 때가 아닙니다.

문 정권의 잘못된 대북 정책과 대북 특사가 마치 평화를 가져올 것처럼 부화뇌동하는 일부 언론과 사람들을 보면서 2차 대전 직전 네빌 챔버레인에 열광한 영국 국민들의 오판을 다시 생각하게 됩니다. 깨어있는 국민이 자유 대한민국을 지킵니다.

2018.3.7.(수)

이번 대북 특사가 가져온 남북회담 합의문을 찬찬히 들여다보니 1938년 9월 히틀러의 위장평화 공세에 속은 챔버레인의 뮌헨회담을 연상케 합니다.
챔버레인은 히틀러의 주데텐란트 합병을 승인해주고 유럽의 평화를 이룩했다고 영국 국민들을 환호케 했지만, 그건 히틀러의 속임수에 불과했습니다.
달라진 것 없이 그동안의 주장을 반복하면서 김정은이 북핵완성의 시간 벌기용으로 추진하고 있는 남북정상회담 판문점 북핵 쇼는 DJ·노무현에 이은 또 한 번의 세계와 대한민국을 기망하는 6월 지방선거용 희대의 위장평화 쇼가 될 것입니다.
안타깝습니다.
두 번이나 속고도 또 속아 넘어가는 우를 범하는 문 정권은 나중에 통치행위가 아닌 국가보안법상 이적행위를 자행했다는 비난을 면키 어려울 것입니다.
오늘 북핵 청와대 회동을 합니다.
어떤 보고를 할지 잘 듣고 오겠습니다.

2018.3.7.(수)

북의 김정은 정권은 연일 나와 자유한국당을 비난하고 있습니다.

6.13 지방선거에서 문재인 정권이 지면 자신들의 위장평화공세의 파트너가 힘을 잃게 되기 때문입니다.

이번 판문점 남북정상회담 추진도 그러한 측면에서 북이 기획한 것입니다.

2005년 9월 19일 공동선언에는 비록 북이 일방적으로 파기했어도 북핵폐기 로드맵이라도 있었지만, 이번 남북 합의문에는 그것조차 없습니다.

김정은이 불러주는 것을 그대로 받아 쓴 것에 불과합니다.

두 번에 걸친 북핵 사기 쇼에 속고도 또 속는 것은 바보나 할 짓입니다.

깨어 있는 국민이 자유 대한민국을 지킵니다.

2018.3.8.(목)

DJ·노무현의 남북정상회담은 막대한 달러를 북에 제공하고 우리측의 요구에 북이 응한 정략적인 회담이었습니다.
그러나 이번 문 정권의 남북정상회담은 미국을 중심축으로 하는 국제적인 제재 압박을 견디지 못한 북측이 그 탈출구로 문정권을 이용하는 북측이 기획한 남북정상 회담으로 판단됩니다.
어제 청와대 여야 대표회담을 하면서 줄곧 안타깝게 느낀 것은 김정은의 핵인질에 잡혀 있는 대한민국 5,000만 국민의 선택이 김정은의 손바닥에서 놀아나고 있다는 것이었습니다.
북측의 이러한 의도는 전략의 변경이 아니라 전술의 변경일 뿐인데 그것을 순진하게 받아들이고 있는 문 정권이 참으로 안타깝습니다.
이번 북측이 기획한 국제제재 탈피와 6.13 지방선거용 남북정상회담이 북핵 완성 시간 벌기용으로 밝혀진다면 문 정권은 국가적인 재앙을 초래한 정권이라는 비난을 면키 어려울 것입니다.
북핵동결과 탄도미사일 개발중단으로 협상이 마무리 된다면 그것으로 대한민국은 김정은의 핵 질곡 속에서 영원히 신음하게 될 것입니다. 핵폐기로 가는 핵동결이라는 위장평화 협상도 절대 불용해야 합니다.
다시금 1938년 9월 히틀러와 챔버레인의 뮌헨 회담을 떠올리는 아침입니다.

2018.3.10.(토)

나는 극우나 극좌를 철저히 배격합니다.

국가 안보는 5,000만 국민의 생명이 걸린 대한민국의 가장 중요한 문제인데 그것을 우려하면서 자유 대한민국을 지키려고 하는 것을 극우 반공주의자들이나 하던 색깔론으로 몰아가는 것은 자신들의 본질을 숨기는 국민 기만극에 불과합니다.

작금의 남북 북미 대화의 환상을 지켜보면서 2000년 6월 DJ의 남북정상회담을 떠올리게 됩니다. 그때 DJ는 평양 남북정상회담 후 서울로 돌아와서 “이제 한반도에 전쟁은 없다.”라고 선언했고, 그것으로 노벨 평화상까지 받았습니다.

그러나 그때부터 김정일은 핵전쟁을 준비했습니다.

대한민국 국민과 세계를 기망한 희대의 평화 사기극이었습니다.

수없는 기망과 사기 끝에 북핵이 완성되었다고 호언장담하는 김정은이 또 한 번 핵폐기가 아닌 핵중단을 이야기하면서 벌이는 남북 평화사기극에 이번에도 놀아난다면 대한민국의 안보는 누란의 위기로 갈 수밖에 없습니다.

1938년 9월 뮌헨회담에서 히틀러에 속아 2차 대전의 참화를 초래했던 영국의 챔버레인도 회담 직후 영국 국민들로부터 열렬한 환호를 받았다는 것을 우리는 기억해야 합니다.

깨어 있는 국민이 자유 대한민국을 지킵니다.

2018.3.10.(토)

1991년 노태우는 김일성에 속아
한반도 비핵화 선언을 했고,
1992년 미군 전술핵을 철수했습니다.
그때부터 북은 집요하게 핵개발에 나서서
남북 군사 균형이 무너지는 오늘에
이르렀습니다.
지도자의 오판이 국가적 재앙을 가져올 수 있다는
것을 극명하게 보여준 사례입니다.
핵 폐기는 핵 균형을 이룰 때 비로소
실질적인 협상이 이루어집니다.
문 정권도 이 점을 유념하기 바랍니다.
평화는 힘의 균형으로 이루어지는 것이지
대화 구걸로 이루어지지 않습니다.

f 2018.3.10.(토)

마치 북핵폐기가 다된 양 문 정권은 위장평화 쇼를 하고 있지만 할아버지인 김일성 때는 핵개발 없다고 유훈까지 남기는 거짓말을 했고 아버지 때인 2000년 6월 DJ에게 한 핵 개발 의사가 없다고 한 거짓말과 2005년 6월 노무현 정권의 정동영 장관에게 한 거짓말(2005.6.18.연합뉴스 이상헌기자 기사 참조)과 지금하는 거짓말과 아무런 차이가 없는 김정은의 위장평화 쇼를 온 국민이 또 속고 있다는 것을 지적하지 않을 수 없습니다.

삼대에 걸친 거짓말 임에도 국민들의 망각증을 이용해 이를 다시 국내 정치에 이용하는 문 정권은 국민을 또다시 들뜨게 하지 말고 냉정하게 대처하기 바랍니다.

문재인 대통령은 NSC 소집하느라 새벽잠 설칠 필요가 없다면서 김정은의 손바닥 위에서 놀아나고 있지만, 미국의 트럼프도 그렇게 할 수 있는지 한번 지켜보겠습니다.

5,000만 국민의 생명이 달린 일입니다.

노태우 전 대통령이 김일성에게 속아 전술핵을 철수하는 어리석은 결정 때문에 지금의 국민적 핵 재앙이 왔다는 것을 문 정권은 잊지 마시기 바랍니다.

깨어 있는 국민이 자유 대한민국을 지킵니다.

2018.3.11.(일)

좌파 경제학자가 청와대에 앉아 패망한 소득주도 성장론을 주창하는 바람에 나라 경제는 거덜 나고 청년 실업자는 거리에 넘쳐나고 자영업자·소상공인·중소기업은 파산 직전에까지 가고 있습니다. 민생은 이제 파탄지경에까지 이르렀습니다.

세계의 흐름에 역행하는 친북 정책으로 한미 동맹 관계가 난국에 봉착하여 미국으로부터 통상보복을 당함으로써 국내 무역이 경각에 달렸는데도, 문 정권은 철 지난 대북 위장평화 쇼만 계속하고 있습니다.

그들은 박근혜의 국정농단으로 집권했지만 탄핵 후 1년 동안 변한 것이라고는 문 정권에 의한 국정파탄 밖에 없습니다.

거기에다가 미투 운동 확산으로 민주당은 추문당으로까지 변명의 여지없이 되었으니, 탄핵 후 지난 1년 동안 그들이 한 것이라곤 정치보복, 국정파탄, 성추문 이외에 세상을 변하게 한 것이 무엇이 있습니까?

이것이 민주당에서 말하는 탄핵 이후 1년 동안의 천지개벽 인가요?

방송탈취, 여론조작으로 국민의 눈과 귀를 가리고 괴벨스식 거짓 선전으로 정권을 연명하고 있지마는, 도도한 민심의 흐름을 거역하지 못할 때가 곧 올 것입니다.

국민들을 일시적으로는 속일 수 있으나 영구히 속일 수는 없다는 것을 알 때가 곧 올 것입니다.

깨어 있는 국민이 자유 대한민국을 지킵니다.

2018.3.13.(화)

1996년 2월 신한국당을 창당한 이래 22년 동안 한나라, 새누리, 자유한국당으로 당명이 바뀌었지만 우리는 단 한 번도 타당과 선거 연대로 각종 선거에 임한 적이 없었습니다.
대선도 총선도 지선도 우리의 힘으로 치렀고, 정책 노선이 다른 타당과 비겁한 선거 연대를 하여 국민들에게 혼란을 준 일이 단 한 번도 없었습니다.
일각에서는 타당과 선거 연대를 하자는 말도 있습니다만, 우리는 그러한 비겁한 선거연대는 하지 않을 겁니다.
오늘부터 본격적인 공천심사에 들어갑니다.
맑은 공천으로 조속한 시일 내에 우리당 후보자를 확정하여, 좌파폭주를 막고 자유 대한민국을 지키는 6.13 지방 선거에서 반드시 승리하도록 하겠습니다.
국민 여러분들의 성원을 기대합니다.
감사합니다.

2018.3.14.(수)

모든 것을 지방정부 장악을 위한 6.13 지방 선거용으로 국정을 몰아가고 있는 문 정권을 보고 있노라면 이 나라의 미래가 참으로 걱정됩니다.

남북정상회담, 북미정상회담, 개헌, 집요한 정치보복 등 모든 정치 현안을 국정의 관점에서 보는 것이 아니라 6.13 지방선거용으로 정략적으로 이용하고 있는 문 정권은 국가와 국민을 위해 나라를 운영한다기보다 중앙정부에 이어 지방정부도 좌파정부로 채워 이 나라 체제 변혁을 완성하겠다는 불순한 시도에서 비롯되었다고 아니할 수 없습니다.

오늘 전직 대통령 한 분이 또 포토라인에 섭니다.

전·노처럼 국사범도 아니고 박처럼 국정농단도 아니고 굳이 말하자면 노처럼 개인비리 혐의로 포토라인에 섭니다.

죄를 지었으면 지위 고하를 막론하고 처벌하는 것은 당연합니다.

그러나 복수의 일념으로 전전 대통령의 오래된 개인비리 혐의를 집요하게 들춰내어 꼭 포토라인에 세워야만 했을까요?

MB처럼 부메랑이 될 겁니다.

2018.3.15.(목)

작년 7월 4일 당 대표가 된 이래 금년 2월 28일까지 자유한국당 혁신 과정과 문 정권의 정국 운영에 대한 소신을 정리한 〈꿈꾸는 로맨티스트〉라는 책을 다음 주 출판합니다.

정치인이 된 이래 다섯 번째가 되는 이 글들은 과연 그 동안의 내 예측과 판단이 옳고 맞았는지 여부를 되돌아 볼 수 있는 좋은 기회가 될 수 있을 것으로 봅니다.

첫 번째 쓴 검사 수사일지는 내가 직접 쓰고 리 라이팅 작가가 문장을 일부 다듬었지마는 그 후의 모든 책은 누구의 손도 거치지 않고 내가 직접 만든 것입니다.

책을 읽지 않는 시대에 우리는 살고 있지마는 책의 향기를 멀리하고는 삶이 풍부해지지 않는다는 것도 알아야 합니다.

이 찬란한 봄이 자유 대한민국에 희망과 용기를 주는 좋은 계절이 되기를 기원합니다.

2018.3.15.(목)

이석연 변호사에 대해 잘못된 언론보도가 있어서 해명합니다.
2011년 10월 내가 당 대표를 할 때 서울시장 보궐선거에 주호영 의원을 통해 이석연 변호사 영입을 시도하여 성사가 되었으나 당시 청와대 모 수석이 이 변호사에게 사실상 불출마를 종용하면서 당내 경선을 요구하는 바람에 이 변호사가 출마 포기를 한 것이지 지지율이 오르지 않아 포기한 것은 아닙니다.
왜 출마를 포기했는지 당시 의아하게 생각했었는데, 최근 이 변호사를 만나 그때 포기 이유를 확인해보니 그런 일이 있었다는 것입니다.
당내기반이 전혀 없는 영입인사에게 경선요구를 하는 것은 출마하지 말라는 것과 똑 같습니다.
우리 중앙당 공천 관리위 결정도 영입 인사는 경선 없이 전략공천하도록 결정한 바가 있습니다.
언론사 기자 여러분들의 오해가 없기를 바랍니다.

2018.3.16.(금)

초대 대통령은 하와이로 망명가서 서거한 후 아직도 돌아오지 못하고 있고, 이 나라 국민들을 오천년 가난에서 구해준 박정희 대통령은 저격당해 서거했고, 전·노는 5.18 광주민주화 사건으로 감옥갔다 왔고, 노무현 전 대통령은 640만불 뇌물사건으로 수사 도중 스스로 목숨을 끊었고, 박은 국정농단으로 감옥에 가 있고, 이명박 전 대통령은 형사처벌 대기 중에 있습니다.
대한민국 대통령은 퇴임 후 언제나 불행했습니다.
그래도 그 자리에서 지금 권력을 누리고 있거나 그 자리에 갈려고 오늘도 노력하는 사람들이 있습니다.
자신만은 예외라고 굳게 믿으면서 말입니다.
우리는 우리의 대표가 대부분 불행하게 말로를 당하는 슬픈 나라에서 살고 있습니다.
불금이라고 하지만 하루 종일 우울한 금요일이었습니다.

2018.3.17.(토)

검찰만 정권의 사냥개 노릇을 하고 있는 줄 알았는데 경찰도 이제 발 벗고 나선 것을 보니 검·경개혁의 방향을 어떻게 잡아 나가야 할지 갈피를 잡을 수가 없습니다.
어제 경찰이 울산시장을 타킷으로 압수 수색을 했다고 합니다.
지역업체 우선 선정이라는 지자체의 방침은 내가 경남지사 시절에도 행정지도 하던 사안인데, 그것을 빌미로 선거를 앞둔 울산시장을 음해하려는 경찰의 이번 작태는 선거 사냥개라는 비난을 면키 어려울 것입니다.
얼마 전에는 우리가 무소속으로 있던 사천시장을 영입했는데, 영입 일주일 만에 경찰이 두 번에 걸쳐 압수 수색을 했습니다.
경남의 우리당 모 단체장도 축제 예산에 비리가 있다고 내사 중이라고 합니다. 강남구청장 수사도 그렇게 하더니만 강원도에서도 똑 같은 일이 벌어지고 있습니다.
과거 관례는 선거가 시작되면 선거 중립을 내세워 하던 수사도 중단을 하고 선거 후에 했는데, 이 정권의 검·경 사냥개를 앞세운 덮어씌우기 수사는 전국적으로 자행되고 있습니다.
그런다고 돌아선 민심이 그들에게 가지 않습니다. 우리당 우세지역에만 집중된 검·경 사냥개들의 이러한 난동은 국민들이 막아줄 것으로 나는 확신합니다. 국민들은 사냥개들 보다는 똑똑하다는 것을 알아야 합니다. 자중하고 원래 위치로 돌아가십시오.

2018.3.17.(토)

이기붕의 자유당 말기 때 경무대에는 곽영주가 있었고, 내무부 장관에는 최인규가 있었습니다. 지금 이 정권에서 곽영주 역할을 하는 사람이 누구이고 최인규 역할을 하는 사람이 누구인지 정치권에서는 알만 한 사람은 다 알고 있습니다.

권력은 국민이 정당하게 사용하라고 위임한 것이지 남용하라고 한 것은 아니라는 것을 알아야 하는데, 그 사람들은 박근혜 때 우병우를 그렇게 비난했으면서도 우병우보다 훨씬 심한 짓을 지금 하고 있습니다.

국민의 심판이 있을 겁니다.

자중하십시오.

2018.3.18.(일)

이 나라를 건국하고 조국 근대화를 이루고 선진국 문턱까지 오게 한 세력이 좌파세력입니까?

그건 단연코 아니지요.

바로 우리가 지금의 대한민국을 만들었습니다.

그간 좌파세력은 끊임없이 분열과 반목을 책동하고 무책임한 정치로 국민들을 현혹해 왔습니다.

문 정권도 예외가 아닙니다.

삼대에 걸친 8번의 거짓말을 하고 9번째 거짓말을 하고 있는데도, 한반도에 평화가 왔다고 거짓 선전을 일삼고 있습니다.

또 소득주도 성장론이라는 실패한 좌파 정책으로 중산층과 서민이 몰락하고 청년실업이 사상 최악으로 거리에 넘쳐나고 있는데도 거짓 선전과 관제 여론조사로 국민을 기망하고 현혹하고 있습니다.

그에 대한 심판을 하고 자유 대한민국을 지키는 것이 6.13 지방선거입니다.

그런데 아직도 박근혜 미망에 갇혀서 보수 우파 분열을 획책하는 일부 극우들의 준동에 좌파들만 미소 짓고 있습니다.

지금의 대한민국을 좌파천국으로 만든 책임은 바로 우리에게 있습니다.
정치는 무한 책임이고 결과 책임입니다.
박근혜 전 대통령을 동정하는 것과 정치적 책임을 묻는 것은 엄격히 분리해야 합니다.
아직도 박근혜 동정심을 팔아 정치적 연명을 시도하는 세력과는 우리는 결별할 수밖에 없습니다.
극히 일부에 불과하지만 탄핵 시 오락가락 행보로 무소신 정치 행각을 벌인 당내 분들도 이제 자중하시기 바랍니다.
2차 대전을 승리로 이끌고도 재집권에 실패한 처칠이었지만, 그는 영국 국민의 선택을 존중했습니다.
이제 박근혜 책임론도 국민의 선택이니 받아 들이고 새롭게 중산층과 서민을 위한 신보수주의로 거듭나는 자유한국당의 기치 아래 뭉쳐야 합니다.
한국사회 체재 변혁을 시도하는 좌파 폭주 정권 때문입니다.
이제 우리 모두 하나가 되어 국민과 함께 자유 대한민국을 지킵시다.

2018.3.19.(월)

남녀 간의 애정행위라면 미투 운동의 대상은 안 되겠지요.
그런데 그 남녀가 지휘, 복종의 관계라면
애정행위라고 하기에는 억지 같은 느낌을
지울 수가 없습니다.
마치 왕과 후궁의 관계로 착각하고
그런 말을 하는 것은 아니겠지만 부하를
성적대상으로 삼았다는 것 자체가 위력에
의한 간음이 된다는 것은 법학 통론을 처음 읽는
법과대학 1학년생도 아는 상식입니다.
그런데 부인 있는 남자가 다른 여자들과
성적 관계가 있었다면 그것 자체로 이미
폐지되었지만 범죄였던 간통이 아닌가요?
당당하지 못한 일입니다.
현명하게 대처하십시오.

2018.3.19.(월)

공천에는 늘 잡음이 있기 마련입니다.
내 측근이라고 자처하면서 행세 하던 사람도 공천에 떨어지니 내 비방만 하고 다니는 것이 현 정치 세태입니다.
이것저것 다 고려하면 공천을 할 수가 없습니다.
나는 정치를 시작한 이래 내 주변 사람을 이유 없이 내쳐본 일이 단 한 번도 없습니다.
배신당한 일은 있지만 내가 남을 배신한 일은 없습니다.
측근을 챙기지 않는 사람은 지도자 자격이 없습니다.
가장 가까운 사람들부터 믿고 따를 수 있어야 하기 때문입니다.
그러나 측근도 깜이 되어야 선거에 내보냅니다.
깜도 안 되는 사람을 무리하게 공천한다면 그것이야 말로 사천이지요.
선거 시즌이 되니 별의별 일이 다 생깁니다.
깜도 안 되는 사람들이 공천 신청을 하고 공천에서 떨어지면 당과 나를 비방하고 다니고 있습니다.
그래도 나는 개의치 않습니다.
어차피 공천은 받는 한사람 빼고는 모두 나와 당을 비방하고 다닐 수밖에 없으니까요.
공천 끝날 때까지 비방도 감수할 것입니다.
승복하는 깨끗한 정치풍토가 조성되기를 기대합니다.

2018.3.20.(화)

나는 이미 광역단체 6개를 이겨 현 상태를 유지하지 못하면 대표직을 내려놓겠다고 약속한 바 있습니다.
그런데 요즘 당내 일부 반대 세력들이 당의 명운이 걸린 지방선거에 힘을 합치기보다 철저히 방관하거나 언론에 당을 흠집내는 기사를 흘리면서 지방선거에 패하기만 기다리고 있는 사람들이 암약하고 있어 한심 하다기 보다 기가 막히는 현상을 자주 보게 됩니다. 세상에 비밀은 없습니다.
탄핵 때도 똑 같은 행동으로 보수궤멸을 자초하더니 지금도 변하지 않고 당을 위한 헌신보다 자신의 안위만을 생각하는 소인배들의 이러한 책동은 지방 선거 끝난 후에 당원과 국민들의 엄중한 심판을 받을 겁니다. 한치 앞도 내다보지 못하고 오로지 자신들의 小利에만 집착하는 그들이 중심이 되어 박근혜를 내세워 나라를 운영했으니 그 정권이 망하지 않고 배겨 났겠습니까?
이제라도 어려운 당에 힘을 보태는 행동으로 좌파폭주를 막는 구국의 대열에 동참하십시오.
그런 사람들이 또다시 지방선거에도 똑 같은 처신으로 몰염치한 행동을 한다면 지방 선거 후에 그 책임을 어떻게 감당하려고 하는지 다시 한 번 생각해 보시기 바랍니다. 방송 장악, 신문과 포털 장악, 여론조작으로 나라가 좌파폭주 세상이 되었습니다. 이를 막는 책임이 우리 모두에게 있습니다. 정상적인 나라를 만드는 6.13 지방선거입니다. 모두 힘을 합쳐서 이 난관을 돌파합시다.

2018.3.21.(수)

'내우외환'이라는 말이 있습니다. 나는 늘 내우외환 속에서 정치를 해 왔습니다. 처음 정계 입문할 때 당이 지정해 출마한 송파갑 지역은 11,12,13,14대 16년 동안 우리당이 한 번도 당선되지 못했던 7.5평, 13평 연탄 아파트만 있던 서민 밀집지역이었습니다.
그런데 송파갑 지역은 내가 간 이후 역점적으로 대규모 재건축 추진을 해서 지금의 우리당 우세 지역으로 변모시킨 곳입니다.
다음으로 출마한 곳은 강북 동대문을 험지 지역입니다.
그곳도 내가 11년간 있으면서 65곳을 도시 재개발·재건축을 추진해서 강남으로 변모시키고 나왔습니다. 악명 높던 장안동 윤락가, 청량리 588도 내가 정리하여 주거환경을 강남 수준으로 높여 놓고 나왔습니다.
세 번째로 간 곳이 민주당에게 빼앗겼던 당시로서는 험지인 경남지사 탈환이었습니다. 재·보선을 거쳐 4년 4개월 동안 경남지사로 재직하면서 60퍼센트의 압도적인 득표율로 선거에서 두 번 이겼고, 광역단체 최초로 채무제로, 국가산단 3개 동시 유치로 경남미래 50년 준비, 서민복지 사업 추진, 재경기숙사 건립 등으로 당의 기반을 반석위에 올려놓았습니다.
네 번째로 선거에 나간 것이 탄핵이후 궤멸된 보수 우파의 재건을 위해 험지 대선에 나간 것입니다. 희망없는 탄핵 대선에서 7퍼센트에서 출발하여 비록 낙선은 했지만 24.1퍼센트로 2등을 하여 당을 다시 재건할 수 있는 기반을 마련했습니다.

나는 이 당에서 23년간 험지에서만 정치를 해왔고 당을 위해 저격수도 사양하지 않았던 사람입니다.
편안한 지역에서 당을 위한 별다른 노력없이 선 수만 쌓아온 극소수의 중진들 몇몇이 모여 나를 음해하는 것에 분노합니다.
그들의 목적은 나를 출마시키면 당이 공백이 되고 그러면 당권을 차지할 수 있다는 음험한 계책에서 비롯된 것입니다.
무너진 당의 당권을 차지해 본들 무슨 의미가 있습니까?
좌파 폭주 정권 저지에는 관심이 없고 오로지 小利에만 집착하는 그들이 당을 맡는다면 문 정권의 부역자 노릇할 것이 뻔한데 당원과 국민들이 그들을 용서하겠습니까?
나는 당을 위한 길이라면 회피한 일도 없고 회피하지도 않습니다.
한줌도 안 되는 그들이 당을 이 지경까지 만들고도 반성하지도 않고 틈만 있으면 연탄가스처럼 비집고 올라와 당을 흔드는 것은 이제 용납하지 않겠습니다.
정당에는 언제나 반대자는 있습니다. 반대자가 없다면 북한 김정은 정당이지요. 그러나 반대를 하기에 앞서 스스로를 돌아보는 양식 정도는 있어야 합니다. 지금은 적과 대치 중에 있습니다.
지방선거가 끝나면 어차피 다시 한 번 당권 경쟁을 하게 될 것입니다.
그때를 대비해 당원들과 국민들의 마음을 사는 헌신하는 정치를 하십시오. 지방선거 때까지는 자기 지역에서 지역선거에 최선을 다하십시오. 그것이 올바른 당인의 자세입니다.

2018.3.21.(수)

최근 울산경찰청장 행태를 보니 경찰에게 검찰과 동등한 수사권을 주었다가는 큰일 나겠다는 생각이 들었습니다.
참 어이없는 하루입니다.
공항을 가면 VIP검색대가 따로 있습니다.
우리는 검색대를 통과하지 않은 일이 한 번도 없었던 것으로 기억합니다.
현장에 가보면 검색대를 돌아가는 것이 오히려 어색합니다.
안내하는 공항직원도 그 정도는 알고 합니다.
아예 자유당 시절 최인규를 연상시킵니다.
그렇게 야당 탄압하면 할수록 민심은 떠납니다.

2018.3.22.(목)

사개특위를 하면서 검·경 수사권 조정 문제를 이제 본격적으로 국회에서 논의합니다.
그간 우리당의 대선공약은 개헌 시 검사, 또는 사법경찰관의 영창청구로 검·경을 대등 관계 수사기관으로 하기로 당론을 정했으나 최근 전국적으로 벌어지고 있는 우리당 후보들에 대한 야당 탄압식 내사·수사와 최근 울산 경찰청장의 이기붕 말기 행태를 보니 경찰에게 그런 권한을 주는 것은 위험하기 짝이 없고 시기상조라는 생각이 들었습니다.
소수 검찰의 사냥개 노릇도 참고 견디기 힘든데 수많은 경찰이 떼거지로 달려든다고 생각하면 참으로 끔찍합니다.
다시 당론을 재검토할 것입니다.

2018.3.23.(금)

YS정권 때 통일 민주당 창당 방해사건인 일명 용팔이 사건으로 장세동 전 안기부장을 구속했을 때, 국민들은 정치보복이라는 프레임으로 보지도 않았고 장 부장도 자기 주군인 전두환 전 대통령을 끌어들이지 않고 혼자 책임지고 감옥에 갔습니다.

전·노를 5.18민주화운동 탄압 쿠테타 사건으로 구속할 때도 국민들은 정치보복 프레임으로 보지 않고 '역사바로세우기'라는 주장에 힘을 실었습니다.

노무현 전 대통령 당시 대선 자금 관련사건으로 이상수 전 노동부장관이 구속되고 안희정 전 충남지사가 구속될 때 그 두 사람은 주군을 끌어들이지 않고 자신이 책임지고 감옥에 갔고, 그 후 그 중 안희정 전 지사는 노무현의 장세동으로 추앙 받아 화려하게 정치판의 신데렐라가 되었습니다.

노무현 전 대통령 640만불 뇌물사건 때 나는 노 전 대통령 수사를 질질 끄는 창피주기 식 수사를 하지 말고 빨리 불구속 기소하라고 권부에 전달했습니다. 하지만 법대로를 주장하던 검찰이 추가 소환을 하겠다고 나서는 바람에 추가 소환 직전에 노 전 대통령은 극단적인 선택을 했습니다.

그래도 그 당시까지 국민들은 정치보복 프레임까지는 전직 대통령 관련 사건을 보지 않았습니다.

깨끗한 정치를 만들어 가는 과정으로 보았습니다.

그런데 퇴임을 한지 5년이 된 이명박 전 대통령을 오늘 개인 비리 혐의로 구속을 했습니다.
이명박, 박근혜 측근들의 줄줄이 배신에서 정치 무상도 봅니다.
나는 이명박 전 대통령의 혐의를 구체적으로 알지 못합니다.
그러나 박근혜 전 대통령을 국정 농단으로 탄핵하고 구속한 지금 또 한 분의 반대파 전직 대통령을 개인 비리 혐의로 또다시 구속 하는 것이 나라를 위해 옳은 판단인가요?
문 정권의 의도는 분명합니다.
적폐 청산을 내세운 정치보복 쇼와 남북 위장평화 쇼, 그리고 사회주의 체제로 가는 헌법개정 쇼라는 3대 쇼로 국민들을 현혹해서 지방선거를 하겠다는 겁니다.
그 첫 장이 집권 이후 10개월 동안 사냥개들을 동원해 집요하게 파헤쳐 온 이명박 전 대통령의 구속입니다.
그 다음 헌법개정 쇼를 하고, 지방선거 직전에는 남북·북미 정상회담 남북 위장평화 쇼로 대미를 장식하겠다는 것입니다.
나라를 국가미래 비전의 관점에서 운영하지 않고 오로지 정파의 야욕 채우기 관점에서 운영하는 문 정권의 앞날도 그리 밝지만은 않을 것입니다. 대한민국 국민들은 문 정권의 예상대로 그렇게 어리석지 않습니다.
6.13 지방선거에서 국민들이 나서서 이 비정상적인 국면을 정상국가로 바로 잡아 주는 심판 선거가 될 것으로 나는 확신합니다.
참고 견디겠습니다. 참고 기다리겠습니다.
밝은 세상을 만드는데 더욱 더 전력을 다하겠습니다.

2018.3.23.(금)

미친개 논평에 대해 경찰의 외곽 조직들이 조직적으로 장제원 대변인을 비난하는 모양입니다. 어처구니가 없습니다.

법조계에서도 이번 울산 경찰청장 사건을 보고 나한테 절대 경찰에게 독립적인 영장청구권을 주면 안 된다고 많은 사람이 조언을 해 왔습니다. '사냥개 피하려다가 미친개 만난다.'고 비유하면서 극력 반대했습니다.

자신들의 불법행위는 반성하지 않고 오히려 공당의 대변인을 음해로 비난하는 그들의 행위는 그야말로 적반하장입니다.

경찰 조직 전체의 문제를 지적한 것이 아니라 울산 경찰청장과 일부 간부들의 오만과 중립의무 위반, 직권 남용을 지적한 것인데 외곽 조직을 동원하여 공당의 대변인을 핍박하는 것을 보니 더 더욱 경찰에게 쎈 권한을 주면 국민들에게 더 큰 재앙이 올 수 있다는 판단이 듭니다.

가만히 중립을 지켰으면 개헌 시 독자적인 영장 청구권을 줄려고 한 것이 대선 공약이고 당론이었는데, 일부 간부들의 행태를 보니 시기상조라는 판단이 들 수밖에 없습니다.

나는 검사출신이지만 이명박 정부 시절부터 검·경 수사권 조정에 경찰 편을 들었던 사람입니다.

본래의 위치로 돌아가고 울산 경찰청장은 즉각 파면하십시오.

더 이상 자유당 시절 백골단 행태는 그만 두십시오.

이미 그런 시대가 아닙니다.

2018.3.24.(토)

MB를 알게 된 것은 1996년 초선의원 시절 MB선거법 위반 사건으로 전국이 떠들썩할 때입니다.
그때 MB와 의원회관에서 만나 자신의 선거법 위반 사건을 장외변론을 해달라기에 대한민국 샐러리맨의 우상이고 모교의 우상이었던 MB의 부탁을 흔쾌히 수락하고 장외변론에 나섰습니다.
그 당시 MB는 우리 시대의 영웅이었습니다.
때 이른 대선출마 발언으로 YS로부터 미운털이 박혀서 구속직전까지 갔던 MB를 불구속 기소하도록 막아 준 일을 시작으로 인연이 되어 정치휴지기에 워싱턴에서 같이 보낸 7개월의 유랑세월은 암담했던 시절에 그나마 서로를 위로하던 행복한 시간이었습니다.
1999년 11월 귀국하여 나는 국회로 재입성하고 MB는 서울시장에 복귀할 때까지 긴밀한 관계를 유지하다가 2006년 4월 서울시장 경선 때 MB가 자기 업적을 지울 수 있는 나를 배제하고 오세훈 후보를 경선 직전에 선택하는 바람에 서로 소원해졌습니다.
그러다가 대선 경선을 앞둔 2006년 12월 31일 다시 만나 도와주기로 하고 2007년 7월 대선후보 당내 경선 때 이명박·박근혜의 중재자로 대선경선에 나가 당의 파국을 막았습니다.
2007년 12월 대선 때는 최대 아킬레스건이었던 BBK사건 방어팀장을 맡아 대통령이 되게 했습니다.
BBK사건은 이번에 문제가 된 DAS와는 다른 사건입니다.

대통령이 된 후에도 MB의 요청으로 원내대표를 맡아 그 당시 혼미했던 광우병 정국을 돌파했고 MB정책의 기반을 마련해 주었습니다.
나는 그 당시 법무부 장관을 하여 대한민국을 세탁기에 넣고 한 번 돌리고 싶었으나 MB는 나를 통제할 수가 없다고 하면서 정권 내내 당대표 선거에까지도 다른 후보를 지원하고 나를 경계했습니다.
나는 대통령의 통치철학이라고 생각하고 괘념치 않았습니다.
MB는 정치도 사업처럼 생각한 사람입니다.
동지라는 개념보다도 이익 개념을 앞세우는 트럼프 같은 사람입니다.
사업가는 깨끗함을 추구하기보다 성과에 치중합니다.
그래도 MB시절 대한민국은 안정되고 글로벌 금융위기도 가장 먼저 탈출하여 번영을 이루었던 시기라고 나는 생각합니다.
그런 대통령을 5년이 지난 지금에 와서 복수의 일념으로 개인 비리를 털어 감옥에 보내는 것은 국가를 위해서도 옳지 않습니다.
좋은 날이 올 겁니다.
우리 모두 참고 견디어야 합니다.

2018.3.25.(일)

1960년대 초에 아시아에 두 개의 큰 사건이 있었습니다.
버마의 네윈이 군사쿠테타로 집권을 했고, 한국은 박정희 장군이 군사 쿠테타로 집권했습니다.
양국의 지도자는 집권 후 나라의 체제를 한 사람은 국가 사회주의를 선택했고, 다른 한 사람은 자유 민주주의를 선택했습니다.
당시 국민소득은 버마는 700달러로 아시아의 부국이었고, 한국은 62달러로 세계 최빈국이었습니다.
60여년이 지난 지금 미얀마로 국호가 바뀐 버마는 아직도 국민소득이 1,000달러 내외의 세계 최빈국으로 전락했고 한국은 30,000달러에 이르는 선진국으로 도약했습니다. 자유가 주는 가치는 그만큼 큰 것이고 체제의 선택이 나라의 운명을 좌우한다는 실증을 극명하게 보여준 사례라고 아니할 수 없습니다.
지금 문 정권이 추구하고 있는 헌법개정 쇼는 사회주의로 체제 변경을 시도하는 위험한 발상입니다. 헌법은 제 정치세력간의 타협의 산물이라고 독일의 헌법학자 칼슈미트가 정의한 바 있습니다.
대통령의 일방적 발의 개헌을 추진하는 것은 독재정권 시절 개헌 밖에 없었습니다. 국민적 합의를 거치지 않은 개헌은 독재 정권으로의 회귀입니다. 문 정권의 지방 선거용 관제 개헌음모는 즉각 중단할 것을 강력히 촉구합니다.
그렇지 않으면 사회주의 개헌 음모 분쇄 투쟁에 전 국민과 함께 장외로 갈 것을 검토할 수밖에 없다는 것을 천명합니다.

2018.3.25.(일)

미꾸라지 한마리가 온 도랑을
흙탕물로 만든다고 합니다.
14만 경찰의 명예를 손상시키고
주는 떡도 마다하는 울산 경찰청장의 행태를 보니
경찰 수사권 독립은 아직 요원합니다.
청부 수사를 계속하면 할수록 우리는
지방선거에서 국민들의 압도적인 지지를
받을 것입니다.
탁 치니 억하고 죽었다는 치안본부장 발표를
연상시키고, 이기붕의 자유당 말기 백골단을
연상시키는 일부 경찰 간부들의 행태는
결과적으로 우리를 도와주고 있습니다.
국민들은 어리석지 않습니다.

2018.3.28.(수)

김정은의 방중을 보면서 새삼스럽게 핵의 위력을 실감하게 됩니다.

핵무기 하나로 한국과 미국을 농단하고 이제 중국까지도 농단하고 있습니다.

세계가 김정은의 핵전략에 놀아나는 어처구니없는 행태가 계속되고 있습니다.

그 출발이 문 정권의 '한반도 운전자론'입니다.

운전면허도 없는 문 정권이 어설픈 운전으로 운전대는 김정은에게 넘겨주고 뒷좌석에 앉아 그냥 핵무기 쇼를 구경만 하면서 자신들이 운전하고 있다고 강변하는 모습입니다.

한미동맹을 이완시키고 중국을 국제제재에서 이탈하게 한 문 정권의 이번 남북 위장평화 쇼는 1938년 채임벌린의 뮌헨회담을 연상시킵니다.

역사의 죄인이 될 겁니다.

깨어있는 국민이 자유 대한민국을 지킵니다.

2018.3.28.(수)

민주당은 아직 시작도 못했지만 우리는 서울·경남만 빼고 나머지 지역 광역단체장 후보 선정 작업이 마무리되어 갑니다.
인물난이라고 하지만 민주당의 우후죽순 난립 후보 보다는 우리는 될 만한 사람 한 사람만 있으면 됩니다.
서울·경남은 당 내외 인사들을 망라해 최적의 후보를 선정하도록 할 것입니다.
나는 직관을 중시합니다.
축적된 경험과 예지력을 바탕으로 하는 직관이 때로는 더 정확할 때가 있습니다.
일부에서는 당내 반홍세력의 준동이 있다고들 합니다.
하지만 YS, DJ 1인 정당시대에도 항상 비주류는 있었습니다.
극소수 일부 반홍 중진들의 비협조가 거침없이 나가는 우리의 지방선거 전선을 막는 장애는 되지 않을 겁니다.
묵묵히 6.13을 향해 걸어가겠습니다.
깨어 있는 국민의 균형감만 믿고 묵묵히 우리의 길을 가겠습니다.

2018.3.29.(목)

이명박·박근혜 정부에서 일했던 장·차관, 비서관, 공무원들은 모두 다 구속하거나 수사를 받고 있는데, 자기 주군 사건은 수사 착수조차 하지 않고, 민주당 거물 미투 사건은 구속영장 기각하고, 이것이 과정의 공정을 주장하는 그들만의 정의입니다.
6.25 직후 인공 치하의 인민위원회가 설치는 나라 같습니다.
어처구니없는 일이 곳곳에서 벌어지고 있습니다.
북의 3대에 걸친 8번의 거짓말에 이어 9번째의 거짓말에 남북 평화가 왔다고 국민을 기만하고, 파탄에 이른 서민 경제에도 그들은 괴벨스식 나라 운영으로 대한민국을 농단하고 있습니다.
답답하고 답답한 정국이지만 우리는 묵묵히 국민만을 바라보고 앞으로 나갑니다.
이 상황을 타개하는 길은 국민이 나서서 선거로 심판하는 길 밖에 없습니다.
사회주의 헌법 개정을 온몸으로 막고 서민 경제를 살리도록 하겠습니다.
깨어 있는 국민이 대한민국을 살립니다.

2018.3.29.(목)

공천에 반발이 없다면 그것은 죽은 정당입니다.
정치인이 선거판이 벌어졌는데 출마를 못하면 참으로 억울하지요.
단체장의 경우 전국 230여개 지역을 공천해야 하는데, 출마시킬 사람은 각 지역에 한 사람뿐이고 후보자는 참 많습니다.
이런 경우 당헌·당규에 따라 공천절차를 진행할 수밖에 없는데, 자기를 공천해 주지 않는다고 사천이라고 하면서 당을 비난하고 탈당해서 무소속 출마하는 경우가 종종 있습니다.
그런데 그것이 성공하는 사례는 극히 드뭅니다.
그걸 두고 언론에서는 공천잡음이라고 합니다.
그러나 잡음없는 공천은 없습니다.
그래도 우리는 묵묵히 가는 길을 갈 수밖에 없습니다.
결국 공천잡음이라는 것은 그야말로 대부분 雜音으로 끝납니다.
야당 공천은 여당 때와는 달리 당근도 채찍도 없어 힘들지만 당헌·당규 절차대로 진행할 것입니다.
조속히 공천절차를 진행해서 잡음을 추스리는데 집중하여 단합된 힘으로 6.13선거에 임하겠습니다.

2018.3.31.(토)

나를 막말 프레임에 가둔 것의 출발은 노무현 전 대통령이 자살했다는 말에서 출발합니다.
서거했다는 말을 했다면 그런 프레임이 등장하지 않았겠지요.
그러나 자살이라는 표현은 가장 알기 쉬운 일상적인 용어인데, 자기들이 존경하는 전직 대통령을 모욕했다고 받아들이다 보니 그걸 막말이라고 반격을 시작했지요.
그 뒤 향단이, 바퀴벌레, 암덩어리, 연탄가스, 영남지역에서는 친밀감의 표시로 흔히 하는 영감탱이 등 우리가 통상 쓰는 서민적 용어를 알기 쉬운 비유법으로 표현을 하면 할 말 없는 상대방은 이것을 품위 없는 막말이라고 매도를 해 왔습니다.
막말이란 되는대로 함부로 하거나 속된 표현을 막말이라고 합니다. 나는 막말을 한 일이 없는 데도 그 상황에 가장 적절한 비유를 하면 할 말 없는 상대방은 언제나 그걸 막말로 반격을 합니다.
외교적 표현을 할 때와 서민들을 대상으로 하는 국내정치를 할 때 어떻게 말해야 하는지 정도는 구분할 줄 압니다.
맞는 말도 막말로 매도하는 세상입니다.
지난 대선 관훈토론회 때 어느 기자가 내보고 막말 한다고 하기에 내가 무슨 막말을 했느냐고 대 보라고 했더니 막상 대 보려고 하니 생각나는 것이 없었는지 아무 말도 못했습니다.
참 하기 어려운 것이 한국 정치판입니다. 오늘 아침에는 그동안 꼭 하고 싶었던 말을 하고 나니 속이 시원합니다.

2018.4.1.(일)

오늘은 부활절입니다.
인간의 모든 잘못을 대신 짊어지고 십자가에 못 박히신 예수님께서 3일 후 무덤에서 다시 부활하셨다는 부활절입니다.
우리 자유한국당도 박근혜 정권의 잘못을 짊어지고 지난 일 년 동안 수없는 고초와 고난을 겪었습니다.
그러나 6.13 지방선거를 통하여 국민의 보살핌으로 한국 보수우파의 본산으로 다시 부활할 것을 굳게 다짐합니다.
파탄지경에 이른 중산층과 서민들에게도 부활절의 복음이 깃들고, 압제에 시달리는 북한 동포들에게도 하나님의 복음이 전달되기를 기원합니다.

2018.4.2.(월)

선거는 자기 지지자들 결집입니다.
상대편 지지자 빼 오기가 아니라 자기편 지지자들 결집이 선거의 본질입니다. 선거에는 중도가 없습니다.
소위 말하는 중도는 스윙보터(swing voter) 계층입니다.
스윙보터들은 어느 한쪽의 세가 커지면 자기들 이해관계를 계산해 따라가는 계층입니다.
트럼프의 미국 대통령 선거에서도 그런 경향이 명확히 나타나 90퍼센트 힐러리 승리라는 선거직전 언론들의 보도에도 불구하고 트럼프가 압승했습니다. 탄핵 대선 때도 그랬습니다. 결국 선거는 여론조사와는 상관없이 어느 정당이 자기 지지층을 투표장에 많이 보내느냐에 달려 있습니다.
지금 대한민국은 좌파 폭주로 체제의 위기에 처해 있습니다.
안보위기, 경제 청년실업위기, 사회주의 체제 변혁 시도에 자유대한민국은 위기에 처해 있습니다.
탄핵 대선 때와는 달리 보수 우파들의 결집이 반드시 있을 겁니다.
체재 위기를 느낀 국민들이 저들을 지지하지는 못할 겁니다.
혁신, 우 혁신으로 새롭게 신보수주의 정당으로 거듭난 자유한국당 후보들을 압도적으로 지지해줄 것으로 나는 확신합니다.
개가 짖어도 기차는 갑니다.
우리는 묵묵히 민심만 보고 갈 것입니다.

2018.4.3.(화)

오늘 제주 4.3 추념식에 참석합니다.
건국 과정에서 김달삼을 중심으로 한 남로당 좌익 폭동에 희생된 제주 양민들의 넋을 기리기 위한 행사입니다.
숱한 우여곡절 끝에 건국한 자유 대한민국이 체제 위기에 와 있습니다. 깨어 있는 국민이 하나가 되어 자유 대한민국을 지켜야 할 때입니다.

2018.4.3.(화)

제주 4.3 추념식이 열리는 4월 3일은 1948년 4월 3일 남로당 제주도당 위원장인 김달삼이 350명 무장 폭도를 이끌고 새벽 2시에 제주 경찰서 12곳을 습격했던 날입니다.
제주 양민들이 무고한 죽음을 당한 날과는 아무런 연관이 없는 좌익 무장 폭동이 개시된 날이 4월 3일입니다.
이 날을 제주 양민이 무고하게 희생된 날로 잡아 추념한다는 것은 오히려 좌익 폭동과 상관없는 제주 양민들을 모욕하는 것이라고 아니할 수 없습니다.
김대중 전 대통령도 1998년 CNN과 인터뷰 할 때 제주 4.3은 공산폭동이라고 말한 바가 있습니다.
4.3사건 재조명시 특별법을 개정할 때 반드시 이것도 시정하여 무고한 양민이 희생된 날을 추모일로 고쳐야 할 것입니다.

2018.4.5.(목)

지방선거후보는 총선과 달리
지방행정력이 겸비된 인물을 선정해야 합니다.
우후죽순 난립하는 수준 미달 자격자들이 출마하는
것을 후보가 넘친다고 언론에서 선전하고 지방선거를
앞두고 야당이 일사불란하게 대처하는 것을
죽은 정당이라고 폄하하는 것을 보고 여당 편을 들어도
참 묘하게 들고 있다는 의구심을 지울 수가 없습니다.
그래도 우리는 묵묵히 갈 길을 갑니다.
여당처럼 채찍과 당근이 없는 야당이 일사불란하게
대처하지 못하고 적전 분열 양상을 보이면
참패하는 것은 불 보듯이 뻔합니다.
그간 침묵하고 묵묵히 당의 방침대로 따라준
대다수 국회의원, 당협위원장들에게 감사드립니다.
모두 힘을 합쳐 이런 최악의 환경을 헤쳐 나가도록
하십시다.
자유한국당이 이깁니다.
우리가 이깁니다.

2018.4.6.(금)

온통 나라를 청와대 주사파들이 파국으로 끌고 가고 있습니다.
2000년 6월 DJ가 평양에서 남북정상회담을 하고 서울로 돌아와서 세계와 한국민을 기망한 것처럼 지금 똑 같은 일을 청와대 주사파들이 하고 있습니다.
한번 속았으면 알아야 하는데 삼대에 걸쳐 8번을 거짓말한 독재정권의 포악한 후계자가 쳐 놓은 덫에 장단을 맞추면서 또다시 북핵 쇼를 주사파 정권이 벌이고 있고, 언론들은 이에 부화뇌동을 하고 있습니다.
2000년 DJ가 한반도에 평화를 가져 왔습니까? 그때부터 김정일은 DJ가 퍼주었던 달러로 본격적으로 핵개발을 하지 않았던가요? 그렇게 속고도 또다시 한반도에 봄이 왔다고 난리들입니다.
나라 살림은 좌파 사회주의 경제실험으로 거리에는 실업이 넘쳐나고 서민경제는 파탄지경에 이르렀는데도, 사회 전부를 좌파 코드 인사로 채우고 전교조와 강성노조는 자기 세상 만난 양 그들만 행복한 나라가 되어가고 있습니다.
무한 생존 경쟁에 내몰린 언론에는 재갈 물리고, 조작된 여론조사로 국민들을 속이는 괴벨스식 선전으로 나라는 좌파 폭주로 치닫고 있습니다. 이를 막는 것은 국민의 심판 밖에 없습니다.
선거 한번 해봅시다. 과연 대한민국 국민이 그렇게 어리석은지 한 번 봅시다. 나는 대한민국 국민을 믿습니다.
깨어 있는 국민이 자유 대한민국을 지킵니다.

2018.4.6.(금)

박근혜 정권의 잘못된 국정운영은 인정하지만 640만 달러를 받아도 국고환수하지 않고, 이적행위를 하면서 봄이 왔다고 난리치고 법절차를 어긴 잘못된 탈원전 정책으로 수천억 국고손실죄를 범하고도 처벌 받지 않았습니다.
그런데 지난 10개월 동안 내가 맡았던 경남도정도 샅샅이 뒤지고 돈 1원 받지 않고 친한 지인에게 국정 조언 부탁하고 도와준 죄로 파면되고 징역 24년 가는 세상입니다.
참으로 무서운 세상입니다.
자기들은 어떻게 국정 수행하고 있는지 국민들이 두 눈 부릅뜨고 지켜보고 있습니다.
부메랑이 될 겁니다.

2018.4.7.(토)

水可載舟 亦可覆舟(수가재주 역가복주)라고
했습니다.
민심의 바다는 그만큼 무섭습니다.
한 때 전국민의 사랑을 받던 공주를 마녀로
만들 수도 있는 것이 정치입니다.
그만큼 정치판은 무서운 곳입니다.
어제 재판에서 가장 가슴 섬뜩하게 느낀
사람은 지금 관저에 있는 대통령이라고
나는 생각합니다.
잘 하십시오.
부메랑이 될 겁니다.

2018.4.7.(토)

요즘 문 정권이 남북한에 봄이 왔다고 언론에 대대적으로 선전하고 있습니다.
그런데 그 봄을 SPRING으로 읽는 사람도 있고 BOMB로 읽는 사람도 있습니다.
어느 것이 맞는지는 몇 달 뒤 판가름 날겁니다.
1938년 9월 뮌헨회담을 마치고 프랑스로 돌아온 총리 달라디에는 공항에서 환호하며 모여든 파리 시민들을 보고 바보들이라고 외상에게 말했다고 합니다.
요즘 문 정권이 하는 남북 위장평화 쇼가 1938년 9월 뮌헨 회담을 연상시키는 것은 8번에 걸친 북측의 거짓말과 청와대 주사파들의 6.13 선거를 향한 정략적 목적 때문입니다.
참으로 위험한 도박을 하고 있습니다.
깨어 있는 국민이 자유대한민국을 지킵니다.

2018.4.9.(월)

2008년 봄 압도적 표차로 정권을 잡고도 미국산 쇠고기 수입을 양보한 것을 구실로 한미 FTA를 반대하면서 광우병 괴담으로 좌파들은 광화문에서 촛불로 온 나라를 뒤 흔들었습니다.
MB 정권은 이에 제대로 대처하지 못하고 아침이슬 운운하면서 허위와 거짓에 굴복하는 바람에 집권기간 내내 흔들렸습니다.
뒤이어 집권한 박근혜 정권도 100프로 국민통합이라는 허울 좋은 구호로 좌파 눈치보기에 급급하다가 최순실 국정농단 사태로 광화문에서 좌파들의 주도로 촛불을 든 세력들에 의해 탄핵되고 감옥 갔습니다.
오늘 MB도 기소된다고 합니다.
10년 전 경선 때 앙금을 극복하지 못하고 서로 집권기간 내내 반목하다가 공동의 정적에게 똑같이 당한 것입니다.
적은 밖에 있는데 아군끼리 총질하고 싸우다가 똑같이 당한 것입니다.
더 이상 내부 분열이 있어서는 안 됩니다.
공천도 이제 마무리 국면입니다.
이번에 기회를 얻지 못한 분들은 다음에 기회를 가지면 됩니다.
멀리 보고 가십시다.
깨어있는 국민이 자유 대한민국을 지킵니다.

2018.4.10.(화)

좌파 폭주를 막기 위해 선거연대를 하라고 충고하는 말씀들은 새겨듣고 있지만 선거는 자기 정체성을 갖고 국민들에게 호소하는 절차적 민주주의입니다.
지난 대선 때도 자기 정체성이 모호한 후보와 단일화 하라는 말씀들이 있었고, 다수 언론에서는 나를 선거 막바지까지 군소정당 후보로 취급하기도 하는 수모도 겪었습니다.
그러나 국민의 최종 선택이 좌파 후보라면 그것도 존중하는 것이 민주주의라고 봅니다.
또 그것이 우리 국민의 의사라면 따를 수밖에 없는 것이 민주주의라고 봅니다.
비록 민중민주주의는 나쁜 민주주의이지만 그것이 대세라면 어쩔 수가 없지요.
그러나 나는 우리 국민들의 균형감과 현명함을 믿습니다. 자유 대한민국을 지키는 길이 어떤 길인지 아실 것으로 봅니다.
묵묵히 국민만 바라보고 가겠습니다.
깨어있는 국민이 자유대한민국을 지킵니다.

2018.4.12.(목)

전교조·민주노총·참여연대·주사파가 합작한 정권이 문재인 정권입니다.
이 정권의 요직 곳곳에 배치되어 있는 이들은 문재인 대통령을 앞에 세워놓고 실제로는 이들이 대한민국을 좌편향으로 몰아가고 있습니다.
헌법도 교육도 노동도 사회도 방송도 좌편향으로 몰아가고 있는 것이 모자라서 이제 금융도 좌편향으로 몰고 가기 위해 부적절한 인사를 임명 강행한 것이 김기식 금융감독원장입니다.
우리 자유한국당은 더 이상 이들의 대한민국 체제 변혁시도를 좌시할 수가 없습니다.
당 내외 역량을 총동원하여 자유 대한민국을 지키겠습니다.

2018.4.15.(일)

안희정도 가고 민병두도 가고 정봉주도 가고 김기식도 가고 김경수도 가는 중입니다.
김기식 검증 책임지고 조국도 가야하고 임종석도 위험하고 경제파탄의 주범 홍장표 경제수석도 곧 가야 합니다.
댓글조작과 여론 조작으로 잡은 정권이 민심을 이겨낼 수가 있을까요?
좌파들의 민낯이 드러나기 시작합니다.
6.13까지 아직 가야 할 사람이 많이 남았습니다.
이들이 가야 자유 대한민국이 살아납니다.
깨어 있는 국민이 자유 대한민국을 지킵니다.

2018.4.16.(월)

이번 주 갤럽 등 여론 조사에서
문 대통령과 민주당 지지율 소폭 반등할 겁니다.
아무리 악재가 있어도 그들만이 답변하는
여론조사에서는 변동이 없으니까요.
댓글 조작과 여론조작으로 민심과 동떨어진 정권은
괴벨스 정권이라고 누누이 말해 왔습니다.
문 정권 실세들의 민낯이 드러나기 시작했습니다.
영화처럼 조작된 도시가 아니라 조작된 정권은
오래가지 않습니다.
안희정 · 정봉주 · 김기식 · 김경수 사건이 지금처럼 조작되면
나중에 진실이 밝혀집니다.
세상에 비밀은 없습니다.
깨어있는 국민이 자유 대한민국을 지킵니다.

2018.4.16.(월)

오뉴월 메뚜기도 한 철이라고 합니다.

자신의 불법행위 연루 의혹에 대한 언론보도를 상대로

초선의원에 비교적 젊은 사람이 협박조로 안하무인 기자회견을

하는 것을 보니 실세는 실세인 모양입니다.

그렇게 안 봤는데 참 안타깝네요.

이것이 문 정권 실세들의 민낯입니다.

정치생명이 곧 끝날 것 같네요.

2018.4.17.(화)

"탁 치니 억하고 죽었다."

87년 6월 항쟁의 도화선이 되었던 박종철열사 고문치사사건에 대한 강민창 치안본부장의 발표문입니다.

어제 김경수 의원 연루사건에 대해 발표한 서울경찰청장의 발표를 보니 강민창 치안본부장의 발표문과 다를 바 없었습니다.

1987년과 하등의 달라진바 없는 경찰이 이상한 명예훼손 고소·발 사건을 2건 접수하였다고 하면서 각하해도 될 것을 야당대표에게 나와서 해명을 하라고 요구하고 전국 경찰을 동원하여 야당후보자 내·수사하고 여당 실세는 감싸고 참으로 시대에 동떨어진 경찰입니다.

검찰은 최근 또 작년에 이어 야당대표 수행비서 전화를 세 차례나 통신조회 하면서 야당대표의 행적을 감시하고 있는데, 이런 검·경에게 소위 드루킹사건 수사를 맡길 수 있겠습니까?

특검으로 가야 진실을 밝힙니다.

정권의 정통성, 정당성과도 연결될 수 있는 이 사건은 모든 국회일정을 걸고서라도 국민 앞에 명명백백히 밝히겠습니다.

비밀이 없는 세상입니다.

여론조작과 댓글조작으로 정권을 운영하고 유지할 수는 없습니다.

괴벨스 정권입니다.

깨어있는 국민이 자유 대한민국을 지킵니다.

2018.4.17.(화)

지난 7월 당대표가 된 이래 나는 일관되게 현정권이 여론조작을 하고 있다고 문제를 제기해 왔습니다.
그럴 때마다 언론들은 이를 외면하고 일부 여론조사를 인용하여 우리당을 폄하해 왔습니다.
참으로 유감스러웠지만 그 모든 것이 그들의 통제 하에 움직이는 사회가 되어 버렸기 때문에 참고 기다릴 수밖에 없었습니다.
이번에 적발된 드루킹 사건은 빙산의 일각입니다.
그런 여론조작 범죄 조직이 하나뿐이겠습니까?
포털을 이용한 여론조작은 이제 일상화 되어 있고, 패널조사로 지지율을 사전에 조작하는 여론조사 기관도 있다고 나는 확신하고 있습니다.
거짓말도 계속하면 진실이 된다는 괴벨스의 나라가 되어 갑니다.
이번 여론조작 사건은 국정조사, 특검으로 풀 수밖에 없습니다.
이미 정권의 사냥개가 되어버린 사정기관을 믿을 국민은 이제 아무도 없습니다.
국회 문을 국정조사, 특검을 받을 때까지 닫을 수밖에 없습니다.
투표만이 민심을 확인하고 이들의 가면을 벗길 수 있습니다.
6.13만이 자유 대한민국을 지킵니다.

2018.4.17.(화)

TV조선을 그들이 왜 없애자고 하는지
이제 국민들이 알겁니다.
나는 9시 뉴스는 어용방송이라 안보고
TV조선을 봅니다.
깨어 있는 언론은 국민들이 시청해 주어야
그 힘으로 좌파 폭주를 막습니다.
TV조선! 힘내십시오.

2018.4.19.(목)

김기식 뇌물파동, 드루킹 여론조작 사건에도 내가 예측한대로 문 대통령 지지율이 소폭 반등했다는 여론조사가 발표되었습니다. 그걸 본 네티즌들이 하는 말 그게 무슨 여론조사냐? 여론조작이지. 김경수 의원은 다음 주쯤 간다고 예측했는데 오늘 갈 것 같네요. 괴벨스 공화국입니다.

2018.4.19.(목)

김경수 의원의 출마를 반갑게 생각합니다.
이제 민주당이 김기식 특검, 김경수 연루 의혹 드루킹 특검을 반대할 이유가 없어졌네요. 출마 안하면 드루킹 사건을 인정하는 것이 될 것이고 출마하면 여론조작 사건이 선거기간 내내 회자될 것이기 때문에 며칠 동안 곤혹스러웠을 겁니다.
이제 김기식 뇌물사건, 드루킹 여론조작 사건은 특검에 맡기고 정치권은 국회에서 국정조사와 6.13선거에만 집중할 수 있도록 합시다.

2018.4.20.(금)

2011년 10월 MB정권의 최고 실세가 당사 대표실로 찾아와 내년도 국회의원에 다시 출마해서 국회의장을 하겠다고 했을 때, 나는 이제 그만 정계 은퇴하고 미국으로 가서 5년 동안 돌아오지 말고 여생을 편하게 지내라고 충고한 일이 있습니다.
MB재임 중 감옥 갈 수 있고 그렇게 되면 MB는 식물대통령이 된다고 하면서 거듭 정계은퇴를 종용했으나, 그는 그 말을 무시하고 전횡을 계속하다가 결국 MB재임 중 감옥 가고 MB는 집권말기에 식물대통령이 되었습니다.
큰 권력은 모래성이라고도 말해주기도 했는데 그는 마치 자신은 치외법권 지대에 살고 있는 양 그 말의 뜻을 몰랐습니다.
그 후 감옥에 찾아간 보좌관에게 비로소 홍 대표 말을 들을 걸 잘못 판단했다고 후회했다고 합니다.
드루킹 김경수 의원을 보면서 다시금 그 말을 떠올리게 됩니다.
마치 자신은 치외법권 지대에 살고 있는 것으로 착각하고 있지만 큰 권력의 외피는 그야말로 모래성이라는 것을 깨닫는 데는 오래가지 않을 겁니다.
젊고 촉망 받는 정치인이 권력의 허세를 믿고 우왕좌왕 나대는 모습이 참으로 안타깝습니다. 작은 권력은 견고하지만 큰 권력은 순식간에 무너지는 모래성입니다.
역대 정권의 몰락 과정을 보면 문재인 정권의 몰락은 참 빨리 왔다는 것을 생각하게 됩니다. 6.13 민심을 한번 확인해 봅시다.

2018.4.20.(금)

대선후보 수행단장은 대선후보와 아침부터 밤늦게까지 동행하고 차량도 같이 타고 다닙니다. 대선 상황의 모든 것을 동행하면서 구두보고 하고 지시를 받습니다.

드루킹 게이트에 김경수 의원이 연루되었다는 것은 그가 대선 당시 수행단장이었기 때문에 만약 그가 혐의가 있다면 문 후보가 댓글 조작을 알았느냐 몰랐느냐를 사법적으로 판단하는 중요한 근거가 됩니다.

그래서 경찰이 드루킹 사건을 은폐조작 하고 있고 댓글 전문 윤석열 검찰이 이 사건 수사를 회피하고 있는 것입니다.

특검이 필요한 이유가 바로 여기에 있습니다.

이미 김정숙 여사까지 연루의혹이 나온 터에 문 대통령까지 문제가 된다면 정권의 정당성, 정통성도 국민적 의혹대상이 되기 때문에 문 대통령이 떳떳하다면 최순실 특검을 우리가 받아 들였듯이 야당의 특검주장에 직접 답해야 합니다.

청와대가 직접 당사자인데 민주당에 미루는 것은 비겁한 정치입니다. 당당하게 국민적 의혹을 푸십시오.

2018.4.20.(금)

민주당 대표가 드루킹을 파리에 비유했습니다.
그러면 문 대통령은 파리의 도움으로 대통령이 되었다는 겁니까?
파리를 수사하는 검·경은 찍찍이 입니까?
쯔쯔쯔. 어떻게 비유를 해도 그렇게 합니까?
마치 개그 콘서트를 보는 것 같습니다.

f 2018.4.21.(토)

물컵 하나 던졌다고 물컵 확보하러 득달같이 압수 수색에 나섰던 경찰이 국기를 뒤흔드는 드루킹 사건에는 숨기고 감추고 옹호하고 증거 은닉하다가 이제사 뒤늦게 수사한다고 합니다.
이런 경찰 믿을 수 있습니까?
탁치니 억하고 죽었다는 경찰이 이번에는 김경수 불러서 어떻게 입을 맞추어 특검에 대비할지 짐작이 갑니다.
이를 방치, 동조하는 댓글 전문 이 정권의 부역 검사들도 같은 부류들 아닙니까?
이들에게 드루킹 사건을 맡길 수 있습니까?
더 이상 증거인멸 하기 전에 특검을 시작해야 합니다.
정의롭다고 주장하는 이 정권의 책임자가 조속히 결단하시기 바랍니다. 늦추면 늦출수록 문대통령은 민주당 대표 비유대로 파리대왕으로 조롱받고 정권 무너지는 속도가 빨라질 겁니다.

2018.4.21.(토)

핵동결 발표를 한 것을 마치 핵폐기 선언을 한 것처럼 호들갑 떠는 것은 2008년 영변 냉각탑 폭파 쇼를 연상시킵니다.
이미 북한 헌법에 핵보유가 천명 되어 있고 남북정상회담을 앞두고 핵완성을 했다고 선언한 마당에 추가 핵실험을 중단하고 ICBM도 더이상 실험하지 않는다고 해본들, 이미 보유하고 있다는 핵과 핵미사일을 전부 폐기하겠다는 선언을 하지 않은 지금 2008년 영변 냉각탑 폭파 쇼와 무엇이 다릅니까?
또 2007년 10월 노무현·김정일 남북정상회담에서도 평화체제로 전환하고 종전선언 추진이 명시되어 있었는데도 북은 이를 파기하고 핵개발을 계속해 왔습니다.
아무것도 달라진 것이 없는 지금 국민의 망각을 이용해 미국까지 끌여 들여 또다시 남북 평화 쇼를 하고 있는 문 정권은 참으로 위험한 도박을 하고 있습니다.
수백만이 아사하여 고사 상태에 들어갔던 북을 두 번이나 살려준 것이 DJ·노무현입니다.
그 뒤를 이어 문 정권은 국제적인 제재에 또다시 고사 상태에 들어간 북을 회생시켜 주고 있습니다.
국가 운영을 도박처럼 하고 있다는 것에 깊은 우려를 표합니다.
냉정해야 할 때입니다.

2018.4.23.(월)

칼 든 강도와 협상하는데 강도가
칼은 숨기고 협상하자고 하는데
상대방은 칼을 포기했다고 우기는 격입니다.
이미 두 번에 걸친 체제 붕괴 위기에서
남북 위장평화 쇼로 북을 살려준 정권이
DJ·노무현 정권입니다.
또다시 국제제재로 붕괴위기에 처하자
세 번째 살려주려고 남북 위장평화 쇼를 하는 것이
이번 4.27 남북정상회담입니다.
냉철해야 합니다.
어떤 비무장지대 남북 평화 쇼에도
현혹 되지 말아야 합니다.
핵폐기 없는 남북협상은 이적행위입니다.
깨어 있는 국민이 자유대한민국을 지킵니다.

2018.4.25.(수)

민주당이 드루킹 특검 도입을 대선불복으로 몰고 가는 것을 보고 어이없다는 느낌이 듭니다.
대선승리만 하면 과정의 위법은 모두 덮어두어야 한다는 것입니까?
그렇다면 박근혜 대선 때 국정원 댓글사건은 왜 5년 내내 집요하게 공격했습니까?
드루킹 댓글 여론조작이 지난 대선 때 승패의 결정적인 역할을 했다고는 나는 믿지 않습니다.
나는 그 당시 탄핵당한 정당의 후보였고 다른 한 후보는 대선 토론 과정에서 국민들이 역량 상 대통령 깜으로 보지 않았으니 문 후보가 대통령이 될 수밖에 없었던 구조였지요.
그러나 드루킹 사건은 대선 과정의 위법이 밝혀지고 난 뒤 관련자들의 위법행위가 지난 대선에 어떤 영향을 미쳤는지 판단해 보고 지난 대선 인정 여부를 종합 판단하는 것이지 내가 대선에 이겼으니 아무도 시비 걸지 말라는 식의 민주당 대응은 오만하기 그지없는 국민 무시 태도입니다.
네이버 등 포탈의 뉴스조작과 함께 괴벨스 공화국으로 가지 않으려면 드루킹 특검으로 우선 민주당원의 댓글 여론 조작 사건부터 조사해 봅시다.
그것이 바로 국민을 위한 민주주의입니다.

f 2018.4.25.(수)

나라를 통째로 넘기시겠습니까?

이번 지방선거 우리당 구호입니다.

f 2018.4.27.(금)

결국 남북정상회담은 김정은과 문 정권이 합작한 남북 위장평화 쇼에 불과했습니다.
북의 통일전선 전략인 '우리 민족끼리'라는 주장에 동조하면서 북핵 폐기는 한마디도 꺼내지 못하고 김정은이 불러준 대로 받아 적은 것이 남북정상회담 발표문입니다.
참으로 걱정스럽습니다.
대북문제도 대국민 쇼로 일관하는 저들이 5,000만 국민의 생명과 재산을 지킬 수 있겠습니까?
깨어 있는 국민이 자유 대한민국을 지킵니다.

2018.4.28.(토)

이번 남북 공동선언은 이전의 남북 선언보다 구체적인 비핵화 방법조차 명기하지 못한 말의 성찬에 불과합니다.
김정은이 비공개 대화에서 문 대통령에게 어떤 메시지를 미국 측에 전달했는지 주목해야 할 것입니다.
미국은 이런 류의 위장평화 회담은 하지 않을 것으로 봅니다.
우리의 문제를 엉뚱하게 중개자로 자임한 문 정권의 역할을 한 번 주시해 보십시다.
다시 한 번 남북문제를 미북 간의 긴장 문제로 만들어 가고 있는 문 정권의 외눈박이 외교를 국민과 함께 우려합니다.

2018.4.29.(일)

여론 조작이나 일삼는 가짜 여론조사기관과 댓글 조작으로 여론 조작하는 세력들이 어용언론을 동원해 국민을 현혹해도 나는 깨어 있는 국민만 믿고 앞으로 나아갑니다.
한 번 속으면 속인 놈이 나쁜 놈이고 두 번 속으면 속은 사람이 바보고 세 번 속으면 그때는 공범이 됩니다.
여덟 번을 속고도 아홉 번째는 참말이라고 믿고 과연 정상회담을 한 것일까요?
우리 민족끼리는 문제가 없는데 미국이 문제라는 시각이 북측과 주사파들이 남북관계를 보는 눈입니다.
본질을 이야기하는데 걸핏하면 색깔론을 들먹이는 저들의 음해공작에 넘어가는 사람들도 있지만, 깨어 있는 국민들도 많다는 것을 알아야 합니다.
히틀러의 위장평화 정책에 놀아난 체임벌린보다, 당시는 비난받던 처칠의 혜안으로 자유 대한민국을 지키겠습니다.

2018.4.29.(일)

가짜 여론조사, 가짜 댓글조작, 판사 파면도 청원하는 좌파들의 놀이터가 된 청와대 청원게시판, 하루 종일 편파 방송하는 종편과 방송, 이에 덩달아 날뛰는 가짜 언론을 보면서 대한민국이 가히 가짜들이 판치는 괴벨스 공화국이 되었다는 느낌입니다.

그래도 우리는 우리 갈 길을 갑니다.

국민들이 납득할 때까지 참고 참으며 바른 길을 갈 것입니다.

언젠가 심판의 날이 올 것입니다.

부화뇌동하던 가짜 세력들이 정리되는 날이 올 겁니다.

선거 한번 해봅시다.

민심도 가짜인지 우리 한번 확인해 봅시다.

2018.5.1.(화)

분위기에 휩쓸려 가는 정치는 반드시 실패합니다.
안보문제는 아무리 신중하고 냉철하게 대처해도 모자라지 않습니다. 작금의 한국 안보 상황은 누란의 위기입니다.
내가 우려하는 현 상황은 결코 보수층 결집을 위한 정치적인 목적에서 시작된 것이 아니고 보다 냉철하게 남북문제를 바라보자는 것입니다.
폭주하던 북의 독재자를 대화의 장에 끌어낸 것은 잘한 일입니다.
그러나 미국까지 끌어들인 이번 남북정상회담은 완전한 핵폐기 회담이 아닌 북의 시간 벌기, 경제제재 위기 탈출용으로 악용될 경우 한반도에는 더 큰 위기가 옵니다.
가장 최악의 시나리오는 북이 주장하듯이 핵물질·핵기술 이전 금지, 핵실험 중지, ICBM개발 중단으로 미국을 위협하는 요소를 제거하는 것으로 북핵합의가 될 경우 우리는 북핵을 머리에 이고 살아야 하는 비참한 처지에 놓이게 된다는 겁니다.
이번의 북핵제재가 북핵을 폐기시킬 수 있는 마지막 기회인데, 감성팔이로 북핵문제에 대처하는 것이 안타까울 뿐입니다.
다시 한 번 말씀드립니다.
우리는 남북대화를 결코 반대하지 않습니다.
그러나 완전한 핵 폐기 없는 평화는 위장평화일 뿐이고 5,000만 국민은 북핵의 노예가 될 뿐이라는 것을 명심해야 합니다.
깨어 있는 국민이 자유 대한민국을 지킵니다.

2018.5.2.(수)

선관위 과태료는 매우 유감스런 사건입니다.
우리 여연 조사는 여론조사기관 중 가장 신뢰할 수 있는 조사 기관입니다. 상대당 관계자들조차 극찬할 정도로 시중 가짜 여론 조사기관들처럼 여론을 조작하는 것이 아니라 있는 그대로 숨은 여론도 잡아내는 여론조사기관입니다.
그 사이 총선·대선에서 그 정확성이 입증된 한국 제일의 여론 조사기관입니다. 나는 늘 여연 조사를 통해서 정책의 방향, 당의 방향을 정합니다. 그러나 우리 여연 조사는 중앙선관위에 등록하고 공표를 목적으로 하는 것이 아니기 때문에 늘 우리 내부 관계자들만 공유합니다.
이번 사건도 PK지역 기자들과 간담회를 하면서 비보도를 전제로 선거의 판세를 답하면서 우리가 이긴다고 한 것을 마치 비공개 여론조사를 공표한 것으로 취급하고 야당 대표보고 아예 입 다물고 선거하라는 협박에 다름 아니라는 것이라고 나는 봅니다.
공표를 한 것이 아니라 일부 기자들의 물음에 선관위에서 시비를 거니 비보도를 해 달라는 것을 전제로 구체적인 수치를 말하지 않고 답변을 한 것에 불과한 것을 마치 미등록 여론조사 공표로 몰아간 것은 앞으로 선거를 앞두고 야당대표는 입 다물고 선거하라는 말 밖에 되지 않습니다.
선관위의 과잉 압박 조치에 유감을 표합니다. 우리당의 재정상 과태료 2,000만 원을 감당할 수 없으니 재고해 주시기 바랍니다.

2018.5.2.(수)

나와 문대통령의 북핵 해법 차이는 나는 제재와 압박으로 북핵을 폐기하자는 것이고 문대통령은 대화로 북핵폐기를 하자는 차이 밖에 없습니다. 그동안 8차례나 속였으니 이제 대화로는 북핵폐기를 풀 수 없다는 것이 내 입장인데 북의 노동신문, 남의 어용언론, 민주당, 바른미래당, 정의당, 일부 잔박들까지 뭉쳐서 나를 헐뜯고 비난하고 있습니다.

그런다고 해서 내가 위축될 사람이 아닙니다.

지방선거를 앞두고 후보자들이 논쟁의 중심이 되어야 하는데 제1야당 대표가 자기들과 의견이 다르다고 남북이 하이에나처럼 떼 지어 달려들어 물어뜯는 사례가 단 한 번이라도 있었습니까? 그만큼 내 의견이 맞다는 방증일 수도 있습니다.

포악한 독재자가 한번 미소로 나타났다고 해서 그 본질이 감추어진 것도 아닌데 신뢰도가 77퍼센트나 된다는 어느 방송사의 여론조사를 보고 내 나라 국민들을 탓해야 하는지 가짜 여론조사를 탓해야 하는지 한심한 세상이 되었습니다.

깨어 있는 국민만이 자유 대한민국을 지킵니다.

2018.5.3.(목)

자신이 밀었던 군수가 공천되지 않았다고 탈당하겠다고 협박하던 분이 그 명분으로 탈당하려고 하니 옹색하다고 생각했는지 이번에는 뜬금없이 남북관계를 명분으로 내걸고 탈당하겠다고 합니다.
울주 군수는 모두가 합의해서 경선으로 선출된 후보입니다.
엉뚱한 명분 내걸지 말고 조용히 나가십시오.
탈당과 복당을 지금 몇 번째 하는 겁니까?

2018.5.3.(목)

트루킹 특검을 요구하면서 노숙 투쟁을 하겠다는 김성태 원내대표를 조롱하고 CCTV를 설치해서 감시하라는 청와대 청원까지 하는 저들입니다.
후안무치하고 오만방자한 저들입니다.
남북 위장평화 쇼로 모든 것을 덮겠다는 저들의 계략을 국민들이 속아 넘어갈 것이라고 판단한다면 얼마나 어리석은 일인지 민심이 보여줄 것으로 나는 확신합니다.
나라의 진실을 밝히려는 김성태 원내대표의 충정에 머리 숙여 감사드립니다.

2018.5.3.(목)

경선으로 후보가 된 경우는 최고위원회에서 법률상 바꿀 수가 없습니다.
최고위원회가 열려도 자신이 원하는 사람으로 교체할 수가 없으니 토요일까지 기다리지 마시고 사내답게 그냥 나가십시오.
당의 투쟁대열에 전력 손상만 옵니다.
참으로 어처구니없는 정치를 하고 있습니다.

2018.5.4.(금)

울주 선거 준비할려면 철새는 정리할 수밖에 없습니다.
더이상 당에 있으면 울주 선거가 어려워집니다.
토요일까지 중대결심을 하겠다고 했는데 아마도 본인이 추천한 기초의원 비례대표 공천 확정되는 것 보고 나가실려고 하는 모양인데, 중대결심까지 하는 마당에 그것까지 챙기고 나가겠다는 것은 도리가 아닙니다.
오늘 당장 나가십시오.
일어탁수라고 했습니다.
복당하지 말아야 했을 사람이 복당과정에서도 애 먹이더니 천여 명의 울주 당원들이 반대해도 설득해서 당협위원장까지 교체, 임명해 주었는데 배은망덕으로 공천을 미끼로 탈당 협박을 하다니 더 이상 용서할 수 없는 구악 정치입니다.
나는 그런 사람이 자유한국당에 소속하고 있다는 것이 부끄럽습니다.
오늘 당장 나가십시오.
스스로 나가지 않으면 출당조치를 취할 겁니다.

2018.5.4.(금)

오늘 오후 국회의장님 주선으로 여야 원내대표들이 국회정상화 대책을 논의합니다.
드루킹 특검으로 파행 중인 국회가 원만히 합의되어 5월 황금연휴를 앞둔 국민들이 편하게 쉬실 수 있게 되기를 빕니다.

2018.5.5.(토)

나는 뜬구름 같은 세평에 휘둘리지 않고 조석변이 하는 여론에 흔들리지 않습니다.
중앙권력의 모든 것을 장악한 저들이 지방권력까지 장악한다면 나라를 통째로 넘기게 되는 것입니다.
나는 우리 국민들의 균형감을 믿습니다.
이 정부 출범 후 1년 동안 민생은 내 팽개치고 정치보복과 남북평화 쇼만 계속해온 저들에게 국민들은 지방권력까지 모두 넘겨주리라고는 도저히 생각하지 않습니다.
국민들이 우리의 진심을 알 때까지 노력하고 또 노력할 것입니다.
그리하여 이번 지방선거에서 승리하여 정권 탈환의 기반을 마련하도록 하겠습니다. 국민들은 오만과 방자함으로 나라를 운영하는 저들보다 자유 대한민국을 지키려는 우리당과 후보들을 전폭적으로 지지해 주실 것으로 나는 굳게 믿습니다.
선거 한번 해 봅시다. 진짜 민심이 무엇인지 확인해 봅시다.

2018.5.5.(토)

트루킹 검·경 수사를 보면서 이 땅에 과연 양심 있는 검·경이 단 한명이라도 있는가 하는 탄식이 절로 나옵니다.
검찰은 증거 은닉을 위해 경찰의 압수 수색영장을 기각하고 경찰은 이에 부응하여 김경수를 불러 수사하는 척하면서 특검대비 말맞추기 수사나 하고 김경수는 황제처럼 치외법권 지대에서 거들먹거리고 참 어이없는 나라가 되어 갑니다.
이게 정말 나라다운 나라입니까?
특검을 못 받는 이유가 바로 여기에 있습니다.
정권 출범의 정당성이 문제되기 때문입니다.
괴벨스 정권이라고 내가 말하는 이유도 여기에 있습니다.
국민들이 과연 어떻게 반응하는지 선거 한번 해봅시다.

2018.5.5.(토)

국회 안에서 노숙 단식투쟁 중인 야당 원내대표가 국회 안에서 테러를 당하는 세상이 되었습니다.
트루킹 사건을 은폐 조작하는데 정권 보위세력들이 총동원 되었다는 것을 여실히 봅니다.
보나마나 배후 없는 우발적 사고라고 발표하겠지요.
2011년 11월 당 대표 시절에 나는 디도스 특검도 받아주고 그 당시 나나 당이 아무런 관련이 없다는 것이 밝혀져도 당 대표를 사퇴한 일이 있습니다.
정치한지 23년이 되었지만 이런 후안무치한 정권은 처음 봅니다.

2018.5.6.(일)

2008년 5월 MB정권 초기 광우병 파동으로 정국이 혼란에 빠졌을 때 원내대표를 맡아 대 혼란을 수습하고 매일 같이 국회가 민주당에 점거 당하는 국회상황을 일 년 동안 겪으면서도 이를 헤쳐 나갔습니다.

2011년 7월 당 대표를 맡을 당시에는 친이·친박의 협공 속에서 최루탄이 터지는 국회 본회장의 혼란을 넘어 한미 FTA를 통과시켰으나 내가 하지도 않은 디도스 파동의 책임을 지고 5개월 만에 당 대표직을 물러났습니다.

2017년 5월에는 탄핵 대선이라는 절망적 상황에서 대통령 후보가 되어 궤멸된 당을 재건할 기반을 마련했습니다.

2017년 7월에는 무너진 당을 맡아 잔박들의 저항 속에서 당협위원장 1/3을 교체하는 조직 혁신을 통해 인적 청산 작업을 했고, 정책 혁신을 하여 중산층과 서민을 위한 신보수 정당으로 당을 거듭 태어나게 해서 지금 지방선거에 임하고 있습니다.

위기를 기회로 활용하는 것이 지도자의 역할이라고 나는 봅니다.

이번에도 나는 어렵지만 국민들이 나라를 통째로 저들에게 넘겨주지 않고 경제를 통째로 포기하지 않을 것이라는 확신 하에 지방선거에 임하고 있습니다.

선거 한번 해봅시다. 과연 국민들이 중앙 권력에 이어 지방 권력까지 통째로 저들에게 넘겨주는지 민심을 한번 확인해 봅시다.

위기는 곧 기회입니다.

2018.5.7.(월)

나는 누가 뭐래도 북한 김정은의 핵폐기 의사를 믿지 않습니다. 모두가 믿고 싶은 마음은 알지만 믿지 않는데서 출발해야 북핵 폐기 대책이 성공할 것으로 나는 확신합니다.

모두가 봄이 왔다고 들떠 있지만 나만 홀로 겨울이어도 나는 개의치 않습니다.

나라의 안보는 언제나 최악의 상태를 가정하고 대비해야 합니다.

북핵 폐기보다 북의 독재자의 이미지 개선에 앞장서고 있는 청와대와 민주당이 참으로 걱정스럽습니다.

남북문제만 잘하면 다른 것은 깽판쳐도 된다는 노무현 대통령의 어록이 다시금 생각나는 요즘입니다.

2018.5.9.(수)

김정은은 비핵화를 명분으로 내세워 중국과 한국을 자기편으로 끌어들여 국제제재를 풀고, 미국의 군사 옵션을 차단하고, 3대 독재 체제를 유지하려는 속셈을 노골적으로 드러내고 있습니다.
이미 남북이 합작하여 판문점 평화 쇼를 벌인바 있어 이제 그 완성을 위해 중국을 통해 미국을 견제하려고 하고 있습니다.
한반도의 비핵화는 지난 30년간 8번에 걸쳐 그랬듯이 또 한 번의 비핵화 거짓평화 쇼를 펼치고 있습니다.
북미정상회담을 앞두고 중국 시진핑을 만나 혈맹관계임을 과시한 이번 대련회담이 그것을 말해주고 있습니다.
문 정권이 추진하는 한반도 비핵화 쇼는 그래서 위험한 도박이라고 나는 수차례 지적한바 있습니다.
늦어도 연말까지는 문 정권과 김정은의 이런 남북평화 쇼가 백일하에 드러날 수도 있을 것으로 나는 봅니다.
국민이 깨어 있어야 이를 막을 수 있습니다.
북핵폐기가 없는 남북평화 쇼는 결국 세계를 상대로 하는 또 한번의 기망 쇼에 불과합니다.
DJ·노무현에 이어 문 정권도 북핵의 공범으로 끝날지 모르지만 우리 5,000만 국민은 북핵의 인질이 되어 처참한 핵의 노예가 되는 상황이 올 수도 있습니다.
나라의 안보문제가 주사파들의 남북평화 쇼의 실험도구가 되는 지금의 현상이 참으로 안타깝습니다.

북에서 매일같이 비난의 대상이 되고 남에서 조롱과 비난의 대상이 되어도 나는 개의치 않습니다.
자유 대한민국을 지키고자 하는 우리의 열정은 아무도 막지 못할 것입니다.
깨어 있는 국민이 자유 대한민국을 지킵니다.

2018.5.11.(금)

우여곡절 끝에 북미정상회담을 6월 12일 싱가포르에서 한다고 합니다.
이번 북미정상회담이 1973년 키신저와 레둑토의 파리 평화회담 재판이 되지 않기를 간절히 바랍니다.
그 두 사람은 파리 평화회담의 공로로 세계를 기망하여 노벨평화상을 지명 받았으나 그로부터 정확히 2년 후 베트남은 바로 공산화 되고 수백만이 보트피플 되고 숙청되고 처형 되었습니다.
역사는 되풀이 됩니다.

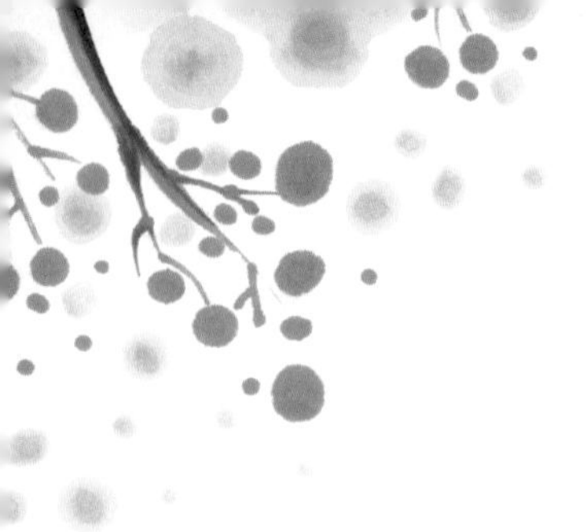

2018.5.13.(일)

2008년 이미 북은 냉각탑 폭파 쇼를 한번 하여 세계를 기망한 적이 있습니다.
이번에 또 하겠다는 풍계리 핵실험장 폐쇄 쇼는 전혀 새로운 것이 아닙니다.
문제는 기존 핵 폐기입니다.
핵완성을 주장하는 마당에 핵실험장 폐기는 큰 의미가 없습니다.
북이 이번에는 핵을 반드시 폐기할 수 있도록 지속적으로 압박하여 이번 미북정상회담이 꼭 성공하기를 기원합니다.

2018.5.14.(월)

2004년 4월 노무현 탄핵 때의 총선을 다시 보는 기분입니다.
방송 3사가 하루 17시간씩 탄핵의 부당성만 사흘동안 집중 방송하고 난 다음, 동대문을이 지역구였던 내 선거구는 선거운동 시작 전 마지막 여론조사에서 14대 58로 지는 것으로 발표된 것으로 기억합니다.
그때 영남, 강남을 포함해서 전국에서 우리가 이길 수 있는 지역은 거의 없다는 식으로 여론조사가 발표된 것으로 기억합니다.
그 여론조사 믿고 그 당시 나는 선거운동을 아예 포기하고 투표결과를 기다렸는데 투표결과는 내가 당선되었습니다.
보름만에 여론이 바뀐 것이 아니라 여론조사가 엉터리 왜곡 조사였던 겁니다.
이번 북풍 선거에 임하면서 똑 같이 엉터리 여론 조사가 기승을 부릴 것으로 나는 봅니다.
벌써부터 자칭 공영방송이 시작을 했으니 트루킹처럼 가짜 나라, 가짜 언론, 가짜 여론이 판치는 괴벨스 공화국으로 그들은 끌고 갈 겁니다.
투표 한 번 해봅시다.
정말 민심이 그런지 확인해 봅시다.

f 2018.5.15.(화)

드루킹 특검 도입을 환영합니다.
김성태 원내대표의 집념과 자유한국당 의원들의 지원, 야권공조로 이루어낸 트루킹 특검이 여론조작으로 가짜 나라를 만들어 가는 세력들을 철저하게 밝혀 진짜 나라를 만드는 계기가 되기를 빕니다.

f 2018.5.15.(화)

자기 친형과 형수에게 육두문자 쌍욕을 한 것을 두고 형사고소 운운하는 것을 보니 사실은 사실인 모양입니다.
공익성과 후보 검증 차원에서 그것을 공개하려는 것인데 그걸 못하게 하면 무엇으로 경기도민의 판단을 받습니까?
쯔쯔쯔. 다급하긴 했나 봅니다.
그런데 왜 그런 입에 담기조차 거북한 쌍욕을 형님과 형수에게 했습니까?

2018.5.15.(화)

레이건 대통령은 미소 군축회담을 하면서 "믿어라. 그리고 협상하라"고 했지만 나는 북핵회담을 하면서 "믿지마라. 그러나 협상하라"고 합니다. DJ · 노무현 전 대통령이 북에 달러를 퍼주어 북핵 개발이 오늘에 왔다면 문 대통령은 이제 국민 세금을 퍼주어 그 핵을 사려고 하는 격입니다.
오늘 포춘지 발표를 보면 북핵 포기 댓가가 무려 2,100조가 될 수 있다고 합니다.
우리나라 5년 예산을 모두 모아야 하는 천문학적인 금액이지요.
이미 영변 경수로 사기로 건설비 70퍼센트 가량 떼인 경험이 있는 우리는 이를 마냥 바라 볼 수만은 없습니다.
미국 · 중국 · 일본이 그 많은 돈을 부담하겠습니까?
1994년 영변 경수로 비용은 우리가 70퍼센트 부담하기로 협약을 한 바가 있습니다.
그 선례대로 한다면 우리 부담금은 1,500조가 될 수도 있습니다.
미국은 미국민 세금을 한 푼 안들이고 이를 추진한다고 천명했습니다.
'남북 평화가 온다면 돈이 문제겠느냐' 라는 시각도 일리 있습니다.
그러나 좌파 정권들이 북핵 개발 자금을 대주고 다시 좌파 정권이 들어와 지금와서 그 북핵을 돈으로 사려는 역사의 아이러니를 어떻게 설명해야 국민들이 납득할까요.
답답한 정국입니다.

2018.5.16.(수)

살다보면 서로 마음이 맞지 않아 이혼할 수도 있습니다.
미국 트럼프 대통령은 두 번이나 이혼한 경력이 있어도 도덕성을 중시하는 미국의 대통령이 되었습니다.
자식문제도 그렇습니다.
삼성 창업자인 고 이병철 회장도 자식문제는 마음대로 되지 않는다고 한탄한 바가 있습니다.
그야말로 이 두 가지 문제는 가정사인데도 불구하고 비난하면서 패륜적인 쌍욕 파동도 가정사문제로 덮고 갈려고 하는 음험한 술책은 가히 놀랍습니다.
뻔뻔한 좌파들의 민낯을 보는 느낌입니다.

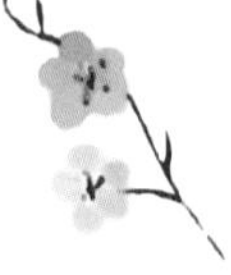

2018.5.16.(수)

처음에는 경찰간부가 드루킹 수사를 은폐하더니 이제는 경찰은 제대로 수사를 하고 있는 것 같은데 이번에는 댓글 전문으로 출세한 검사들이 경찰의 영장을 계속 기각하면서 증거 인멸을 돕고 있습니다.
또 정치권에서는 김경수 전 의원은 수사대상에서 빼자고 한다고 합니다. 상황이 이러해서 특검이 도입 되었는데 이젠 검사가 희한한 주장으로 검찰총장을 흔들고 있습니다.
아마도 댓글로 벼락출세한 검사를 빨리 총장으로 임명하여 정권의 확실한 주구로 만들려고 하는 계책이 아닌가 보여집니다.
어이없는 나라가 되어가고 있습니다.
참 뻔뻔스러운 정권입니다.

2018.5.18.(금)

드루킹이 조선일보사에 직접 자백편지를 보낸 것은 그간 검·경이 합작해 이 사건을 은폐해 왔다는 명백한 증거입니다.
김경수가 갈 곳은 경남도청이 아니라 감옥이라는 이 사건 초기 나의 지적이 사실로 드러난 지금 과연 특검을 회피할 명분이 민주당에게 있을까요?
두 손으로 하늘을 가리는 참으로 뻔뻔한 정권입니다.

2018.5.18.(금)

트럼프나 문재인 정권은 이제 되돌리기에는 너무나 많은 장밋빛 환상을 자국 국민들에게 심어 주었습니다.
북핵 문제는 냉혹하고 냉철하게 풀어 나가야 한다고 그토록 조언 했건만 남북평화 쇼로, 장사속으로 북핵문제를 풀어 나가려고 하다가 암초를 만난 겁니다.
이번 한미정상회담에서도 문 정권은 남북이 합작해서 미국에 대항하려고 해서는 안 됩니다.
지금이라도 냉혹하게 북 체제를 이해하고 냉철하게 대처해 주기 바랍니다. 지난 30여 년간 끌어온 북핵 문제가 한바탕 쇼로 풀어지지 않습니다.

2018.5.19.(토)

이 정부 출범 1년 동안 집안 살림이 더 좋아졌습니까?
내 집 장만은 하셨습니까?
자녀들 취직은 했습니까?
경제는 파탄지경에 이르러 수출은 날로 감소하고 생산성은 떨어지고 청년실업은 사상 최악이고 기업들은 해외탈출 러시를 이루고 자영업자들은 파산 직전인데 올라가는 것은 물가와 세금뿐입니다.
이 정권 들어와서 행복한 사람들은 민주노총, 전교조, 참여연대, 주사파 밖에 없습니다. 국민들은 도탄에 빠지던 말던 그들만 행복하면 되는 나라가 되어 가고 있습니다.
이것을 이들은 나라다운 나라라고 합니다.
드루킹처럼 여론조작으로 국민을 현혹하는 정권, 이제 국민들이 심판을 해야 합니다. 포춘지에 따르면 2,100조나 든다는 북의 경제 살리기보다 우리 경제부터 살려놓고 생각합시다.
경제를 통째로 포기하시겠습니까?
대한민국 퍼스트입니다.

f 2018.5.20.(일)

지난 판문점 회담 내용을 보고 남북 위장평화 쇼라고 지적한 바가 있습니다.
북의 고육지계 일수도 있다는 겁니다.
북이 중국까지 가담한 국제 제재를 풀기 위해 일방은 남북회담, 미북회담을 제의해 평화 무드를 만들어 놓고, 일방은 중국으로 하여금 미북 정상화로 중국의 고립을 겁박하여 중국으로부터 경제적 지원을 약속 받을 수도 있다고 보았기 때문입니다.
실제로 북은 최근 시진핑을 두 번이나 만나 국제 제재에도 불구하고 경제적 지원을 약속 받은 것으로 보이고, 나아가 최근 북이 억지 같은 트집을 잡으면서 남북대화 단절 협박을 계속하고 있는 것은 위와 같은 위장평화 사기 행각을 하지 않았나 하는 의심을 더욱 깊게 합니다.
미북회담의 진행 상황을 한번 지켜봅시다.
중국으로부터 혈맹으로 경제적, 군사적 지원을 확약 받았다면 굳이 미국과 북핵 폐기 문제로 타협할 필요가 이젠 없어졌으니 북이 어떻게 나오는지 한번 지켜봅시다. 8번을 속고도 9번째는 참말이라고 믿으면 그건 바보나 할 짓입니다.
믿지 마라. 그러나 협상은 하라.
이것이 북과의 대화를 이어가는 기본 자세라고 나는 생각합니다.

f 2018.5.20.(일)

북이 오늘도 나를 노동신문에
입에 담지도 못할 욕설로 비난하고 있습니다.
한국 정치사에서 북이 이렇게 한국의 특 정치인을
한 달 동안 계속 비난한 적이 없는데
그렇게 집요하게 나를 비난하고 있는 것은
북이 문재인 정권을 꼬드겨 하고 있는 남북회담의
본질을 내가 정확히 보고 있다는 반증이기도 합니다.
그런데도 정작 한국에서는 그걸 알지 못하고
냉정하고 냉혹해야 할 남북문제를 문 정권은 한바탕 쇼로 국민을 현혹하고 있고 또 이에 부화뇌동을 하고 있는 우리의 현실을 나는 서글퍼 합니다.
나는 누구보다도 남북화해를 원합니다.
MB 정권 때 당 대표를 하면서 MB의 반대를 무릅쓰고
개성공단을 방문했던 사람입니다.
그러나 지금 하고 있는 남북대화는 북의 위장평화
공세에 놀아나는 위험한 도박입니다.
문 정권은 부디 냉정을 찾아 5,000만 국민의
생명과 재산을 지키는 바른 대북정책을 수립해
주기를 바랍니다.

2018.5.22.(화)

82년 사법시험에 합격하여 공직에 들어선 이래 36년 동안 검사, 국회의원, 원내대표, 당 대표에 이어 경남지사로 갔다가 다시 대통령후보, 당 대표로 복귀 한지 1년이 다되어 갑니다.

나는 공직 생활을 하면서 언제나 세평에 관심두지 않고 내 소신대로 일을 처리해 왔습니다.

세상이 나를 알아주지 않아도 나는 세상을 위해 일관되게 일해왔습니다.

오늘 조선일보 김대중 전 주필님의 칼럼을 보고 세상이 온통 북핵환상에 빠져 있는데 나와 생각이 같은 분도 있구나 하는 생각에 흐뭇했습니다.

오늘 부처님 오신 날입니다.

환지본처(還至本處)라는 말을 다시 되새기게 되는 날입니다.

부처님의 가피가 온누리에 펼쳐지기를 기원합니다.

2018.5.22.(화)

성완종 리스트 사건 때 검사가 증거를 조작하는 충격적인 사실을 확인한 일이 있었습니다.
휴대폰 포렌스식 분석도 조작된 것이라는 의혹이 법정에서 수차례 제기된 적도 있었습니다.
나도 검사를 했지만 믿기 어려운 검사의 증거 조작 사실을 접하고 난뒤, 요즘 검사는 사건을 수사하는 것이 아니라 권력자의 요구에 따라 사건을 만든다고 보고 있습니다.
최근 드루킹 사건에서 드루킹과 검사의 공방전을 보면서 나는 드루킹의 말이 진실일 가능성이 더 높다고 보고 있습니다.
이미 검사의 증거 조작을 직접 경험한 나로서는 여러 정황상 검사가 거짓말을 할 가능성이 더 크다고 봅니다.
경찰에서 압수수색 영장을 청구해도 잇달아 영장을 기각하는 검찰의 태도를 볼때 이 사건은 검찰의 증거 은폐 시도도 반드시 특검에서 밝혀 해당 검사를 사법처리를 해야 할 것으로 봅니다.
강원랜드 사건도 고발장을 바꾸어 수사했다는 의혹 마저 제기된 것을 보면서 해방이후 검찰이 이렇게까지 타락한 적이 있는지 참으로 안타깝습니다.
경찰도 오십보 백보이지만 그래도 경찰은 하는 척이라도 하는데 검찰은 아예 대놓고 사건을 은폐, 조작하는데 앞장서고 있습니다.
이런 검찰 그대로 둘 수 있습니까?

2018.5.23.(수)

나는 미북회담이 북핵 폐기를 위한 CVID회담으로 성공하기를 간절히 바랍니다.
만약 미봉책으로 끝나거나 정치적 수사로 합의가 될 경우 트럼프나 문 대통령은 미국민이나 한국민으로부터 무하마드 알리가 될 수도 있습니다.
두 분이 철저한 한미 공조로 이번 싱가포르 회담을 성공시켜 5,000만 국민의 생명과 재산을 지키는 든든한 안보 수장이 될 수 있기를 기대합니다.

2018.5.25.(금)

안철수 후보와 단일화를 묻는 분들이 요즘 참 많습니다.
아마 서울시장 선거에서 김문수 후보와 단일화해서 박원순 시장과 1대1구도를 만들어 달라는 요청으로 보입니다.
단일화는 이념과 정책이 유사한 후보끼리 시너지 효과를 위해서 하는 겁니다.
그런데 안철수 후보는 원래 민주당 출신이고 지난 번에 박원순 시장에게 후보를 양보했던 사람입니다.
단일화를 하려면 박원순·안철수가 단일화를 하는 것이 맞지 왜 이념과 정책이 다른 김문수 후보와 단일화 운운 하는지 나는 이해가 되지 않습니다.
내가 충청에 가서 단일화에 대해 후보들 끼리 개인적으로 하는 것은 반대하지 않는다는 말은 충북후보 중 우리 후보와 우리당 출신인데 바른 미래당 후보로 나온 분이 단일화 움직임이 있길래 그에 대한 답으로 한 말인데 그 말을 어느 기자가 오해하여 서울시장 단일화로 기사를 작성한 모양입니다.
서울시장 후보 단일화는 박원순·안철수가 하십시오.
우리는 우리의 정책과 가치를 갖고 김문수 후보로 서울 시민의 판단을 받겠습니다.

2018.5.25.(금)

미북회담의 전격적인 취소에 깊은 유감을 표합니다.
우리는 일관되게 미북회담으로 북핵이 완전히 폐기되어 한반도의 영구평화가 오기를 기대했지만 그러지 못해 깊은 유감을 거듭 표합니다.
연초부터 북이 보인 평화무드 조성 외교는 중국을 끌어들여 국제제재를 타개해 보려는 기만 술책이 아닌가 하는 의심을 해왔습니다.
그래서 평창올림픽을 평양올림픽이라고 말했고 4.27 판문점회담 선언문 내용을 보고 위장평화 쇼라고 말하기도 했습니다.
어찌되었던 간에 북핵 문제는 굳건한 한미 동맹을 기반으로 지속적인 국제제재와 압박으로 해결할 수밖에 없게 되었고, 우리는 대북 경계심을 더욱 강화해야 할 것으로 판단됩니다.
평화는 힘의 균형으로 지켜집니다.
말의 성찬으로 지켜지지는 않습니다.
앞으로도 미북회담이 재개되어 군사적 충돌이 아닌 대화로 북핵폐기가 되기를 간절히 바랍니다.

2018.5.25.(금)

자기들만의 소통창구인 청와대 청원게시판 폐쇄를 청원합니다.
선전수단으로만 악용되는 그들만의 게시판 폐쇄를 거듭
청원합니다.
드루킹처럼 아직도 집단 조작이 난무하는 괴벨스의 나라입니다.

2018.5.26.(토)

문 정권 출범 후 지난 1년 동안 한 것이라곤 적폐청산을 명분으로 정치보복만 하고 북에 이끌려 남북평화 쇼를 한 것 밖에 없습니다.

수출은 감소하고 생산성은 저하되고, 기업 옥죄기로 기업 해외탈출은 가속화되고 소득은 줄어들고, 소상공인 자영업자들은 파산 직전이고, 청년 일자리는 사상 최악인데 물가는 폭등하고, 세금폭탄만 기다리고 있습니다.

민생이 최악으로 치닫고 있습니다.

이를 바꿀 수 있는 유일한 방법이 투표입니다.

투표로 심판하지 않으면 좌파 폭주를 막을 수 없습니다.

자기들만이 행복한 나라로 만들어 가는 문 정권을 국민 모두가 행복한 나라로 만들어 가는 방법은 6.13투표 밖에 없습니다.

곧 선거 운동이 시작됩니다.

절망과 기아선상에 있는 민생을 살리기 위해 우리 모두 이를 국민들에게 알려 나라를 바로 잡읍시다.

2번을 찍으면 세상이 두 배로 살기 좋아집니다.

투표가 애국입니다.

2018.5.26.(토)

이번 미북회담의 취소 배경에는 트럼프가
문재인 정권을 믿지 못하겠다는 것과
중국의 태도, 북한의 태도변화에 기인합니다.
특히 문 정권에 대한 트럼프의 인식은
문 정권이 북의 편에 서서 자신을 속이고
있다고 판단한 것으로 보입니다.
워싱턴 회담 때 외교적 결례를 감수하고 트럼프가
문 대통령을 의도적으로 무시하였고 그 직후 청와대
에 통보도 없이 미북회담을 취소한 것만 보더라도
이것은 명백합니다.
북핵 폐기의 지렛대는 중국입니다.
이제 미북회담의 성사여부는 문 정권은 배제되고
미·중의 협상으로 넘어 갔습니다.
미·중 협상이 원만히 이루어져 우리가 제시한
일곱가지 원칙에 의거하여
북핵이 영구 폐기되기를 기원합니다.
문 정권은 북핵에 대해서는 이제 들러리 역할도
없으니 그만 하고 도탄에 빠진 민생 해결에
주력해 주시기 바랍니다.

2018.5.27.(일)

존경하는 국민 여러분!

어제 판문점에서 제4차 남북정상회담이 있었습니다.

저와 자유한국당은 정치적 입장을 떠나 남북 정상의 만남을 환영합니다.

특히, 미북정상회담이 교착 상태에 놓인 상황에서, 한반도 문제를 평화롭게 풀기 위해 남북의 정상이 직접 만나 대화를 나눈 것 자체는 긍정적으로 평가합니다.

하지만, 남북 정상이 얼싸안은 감상적인 겉모습만으로 냉혹한 한반도의 현실을 덮을 수는 없다고 생각합니다.

그동안 우리 자유한국당은, 미북정상회담을 통해 '완전하고 영구적인 북핵폐기'를 이뤄내야 하며, 이를 위해 'CVID' 원칙을 확고히 지켜야 한다는 입장을 일관되게 주장해 왔습니다.

그러나, 어제 남북정상회담 합의문에는 '한반도 비핵화'라는 모호한 표현의 반복 외에는 북핵폐기와 관련된 내용은 어디에서도 찾을 수가 없습니다. 새로운 내용이나 논의의 진전은 전혀 없고, 미국의 강경한 입장에 직면한 두 정상의 당혹감만 확인할 수 있었습니다.

그 동안 북한은 4.27 판문점 선언의 후속 조치조차 일방적으로 거부해 왔고, 미북정상회담을 위한 실무협상에도 불성실한 태도로 일관해 왔습니다.

그랬던 북한이 이처럼 다급하게 남북회담에 나선 것은, 북핵폐기에 대한 미국의 단호한 의지와 중국의 압박 때문인 것으로 판단이 됩니다.
결국 국제사회의 강력한 압박과 제재만이 북한의 핵무기를 폐기시킬 수 있다는 사실을 다시 한 번 확인시켜준 것입니다.
앞으로 저와 자유한국당은, 미북정상회담을 위한 실무협상 과정을 보다 냉철한 시선으로 지켜볼 것입니다.
진실의 순간(The Moment of Truth)이 드러날 것입니다.
우리가 요청했던 7대 원칙에 따라 '완전하고 영구적인 북핵폐기'가 이루어질 수 있도록, 미국 정부가 분명한 입장을 지켜줄 것을 다시 한 번 강력하게 요청합니다.
아울러, 국민 여러분께 거듭 말씀드립니다.
저와 자유한국당은 누구보다도 한반도의 평화를 바라고 있습니다.
그러나, 북한의 핵무기를 그대로 놓아두고는, 우리가 어떤 노력을 한다고 해도 진정한 한반도의 평화를 이뤄낼 수 없습니다.
저와 자유한국당은 확고한 힘의 우위, 그리고 국제사회의 단단한 공조를 토대로, 북한의 핵무기를 폐기하고 진정 평화로운 한반도 시대를 열어가기를 바라고 있습니다.
국민 여러분의 단합된 열망만이 이를 이룰 수 있을 것으로 확신합니다.
감사합니다.

2018. 5. 27 자유한국당 당대표 홍준표

2018.5.28.(월)

북핵 폐기를 위한 미북회담의 실무절차가 진행 중에 있습니다.
나는 이번 미북회담이 북핵폐기의 마지막 기회라고 일관되게 주장해 왔습니다.
그러나 이번 미북회담이 1938년 9월 히틀러와 체임벌린의 뮌헨회담이 되거나 1973년 레둑토와 키신저의 파리 정전협정이 되어서는 안된다고 말해 왔습니다.
아울러 문 정권이 남·북·중과 연대하여 미국에 대항하는 모양새가 되어서도 안된다고 해 왔습니다.
트럼프 행정부는 역대 미국 행정부와는 달리 이제 북핵의 직접적인 당사자가 된 이상 자국의 이익만을 위해 ICBM만 제거하는 최악의 협상은 하지 않도록 해야 합니다.
CVID로 북핵이 영구히 폐기 되어 세계 안전과 한반도 평화를 위한 협상을 해 주기를 간절히 기도합니다.
문 정권도 북의 대변자 역할만 하지 말고 미국과 협력하여 적극적으로 북핵 폐기에 나서 주기를 거듭 요구합니다.

2018.5.29.(화)

검찰은 중앙지검장이 망치고 있고 경찰은 서울청장과 울산청장이 망치고 있습니다.
청와대까지 가세한 드루킹 사건을 보니 이것은 정권말기 현상입니다. 검·경에서 정의와 형평이라는 말은 사라진지 오래고 오로지 은폐, 조작, 맹종만 남았습니다.
이기붕의 자유당 시절에도 이렇게까지 타락하지 않았는데 아예 대놓고 은폐하고, 조작하고 정권의 충견으로 추락했습니다.
어이없는 나라가 되어가고 있습니다.
어찌하여 검·경에는 강철중 같은 뜻있는 의인이 없을까요?
어찌하여 검·경에는 충견들만 난무할까요?
한탄으로 시작하는 하루입니다.

2018.5.29.(화)

북의 판문점 선언의 목적이 점점 분명해지고 있습니다.
북은 이 선언을 구실로 한미 군사훈련 중단을 요구했고 탈북 여종업원들 북송, 태영호 공사 징치, 홍준표 비난, 한일 군사정보 협정 파기를 요구하고 있습니다.
나아가 주한 미군 철수에 국가보안법 폐지도 곧 요구할 것이고 문 정권과 합작하여 연방제 통일도 주장할 것입니다.
이를 예상하고도 판문점 선언을 강행 했다면 문 정권은 북측과 공범이고 이를 예상치 못했다면 국가안보를 맡을 자격이 없는 무능한 정권입니다.
결국 북의 판문점 선언의 목적은 북핵 폐기가 아니라 한·미·일 동맹체재 해체를 통한 남북 연방제 통일입니다.
친북 좌파들의 논리는 연방제 통일이 되면 북핵은 우리 것이라는 겁니다. 우리가 판문점선언 국회의결에 북핵폐기를 넣자고 극구 주장을 한 이유도 바로 여기에 있습니다.
나라의 앞날을 청와대 주사파들에게 맡기고 있는 현실이 참으로 암담합니다. 이래도 내 주장이 냉전 세력의 주장입니까?

2018.5.29.(화)

자기들이 망쳐 놓은 당을 살려 놓으니 지방선거 불과 보름 앞두고 당대표 보고 물러나라고 합니다.
분란을 일으켜 지방선거를 망치게 하고 그 책임을 물어 나를 물러나게 하려는 심뽀이지요. 유일하게 충북에서 자기 지역 도의원 공천도 못하고 민주당후보를 무투표 당선시킨 사람이 이제 지방선거 전체를 아예 망쳐 놓으려고 작정한 모양입니다.
"개가 짖어도 기차는 간다." 93년 4월 개혁을 추진하던 YS가 반개혁 세력에게 던진 일갈입니다. 참 갖가지 다하네요.

2018.5.30.(수)

지난 공직생활 36년간 나는 위기를 회피해본 일도 없고 변명으로 위기를 대처해본 일도 없습니다.
언제나 당당하게 원칙과 정도로 위기를 돌파해 왔습니다.
지방선거를 앞두고 모두가 합심해야 할 때에 지도부 흠집이나 내는 행태는 어제 오늘 있었던 일은 아닙니다.
그런 일이 있을 때마다 그걸 잘못이라고 지적하는 사람이 당내에 한명도 없다는 것은 그만큼 내가 무계파로 당운영을 하고 있다는 반증입니다. 지난 1년간 끊임없이 당 지도부를 흔들어 왔지만 나는 괘념치 않았습니다.
그 속에서도 당을 재건하였고 이제 그 노력의 성과를 국민들에게 심판을 받을 준비를 하고 있습니다.
사마의를 생각하면서 한없이 참아야 하는데 바로 반응하는 것은 아직도 내게 열정이 남았다는 증좌일수도 있습니다. 얼마 남지 않은 지방선거가 선전할 수 있도록 최선을 다할 것입니다.
다행히 국민들의 관심이 남북에서 경제로 돌아가고 있어 안도감이 듭니다. 내 삶이 더 좋아졌다면 1번을 선택하시고 더 나빠졌다면 2번을 선택하는 것이 이번 선거입니다.
선거 참여만이 잘못된 정책을 바꿀 수 있습니다.
2번 찍어 세상을 두 배로 잘사는 나라로 만듭시다.

2018.5.30.(수)

나를 막말 프레임에 가둔 것은 노무현 자살이라는 말에서 비롯됩니다. 자기들에게는 신격화된 노무현 전대통령을 서거라고 하지 않고 자살했다고 말했기 때문입니다.

그 후 적절한 비유와 상대방의 폐부를 찌르는 말들은 모두 막말로 덮어 씌어져 왔습니다.

강자는 적이나 상대방을 배려하는 고상함과 품위를 내 보이는 여유가 있어도 될지 모르나, 약자가 짐짓 그런 태도를 보이는 것은 굴복이나 굴종에 다름이 아닙니다.

당내 일부 패션우파들은 정권에 굴복 하는 것이 자신들이 살길이라고 판단하고 대여 유화노선을 걷고 있으나, 나는 그것이 보수궤멸을 가져온 가장 큰 잘못으로 보고 있습니다.

우리는 지금 말밖에 없는 한없이 약한 야당입니다.

강하게 맞서야 합니다.

그래야 우리에게 기대를 걸고 있는 국민들이 뭉칠 수 있습니다.

나는 그런 측면에서 위급할 때는 언제나 소위 막말도 서슴지 않았던 YS의 돌파력을 생각합니다.

2018.5.30.(수)

개차반 같은 인생을 살았어도 좌파 인생만 살면 용서 받는 세상은 외눈박이 세상입니다.
만약 그런 사람이 다시 공직에 나선다면 그건 정상적인 사회도 아닐뿐더러 그들이 말하는 정의로운 세상도 아닙니다.
이번 지방선거 결과를 눈여겨보겠습니다.
한국사회의 도덕성이 제대로 작동 되는지 눈여겨보겠습니다.

2018.5.31.(목)

어제 발표된 통계청 10대 경제 지표 중 9개 분야가 하강이거나 침체라고 하고 그나마 일시적 소비증가도 저소득층의 이전소득 증가라고 했습니다.
나아가 최초로 서민층의 이전소득이 근로소득을 넘어섰다고 발표했습니다.
말하자면 일해서 버는 돈보다 국가지원으로 받는 돈이 더 많다는 겁니다. 이는 나라가 망한 베네수엘라로 가고 있다는 실증적 지표로 나타난 것입니다.
지난 대선 때부터 일관되게 나는 문 정권이 들어서면 좌파 사회주의 경제정책으로 나라가 베네수엘라, 그리스로 갈 것이라고 말해 왔습니다. 지금 민생은 파탄지경에 와 있습니다.
문 정권이 아무리 여론조작과 방송조작, 어용언론을 동원해 괴벨스 공화국을 만들어도 이제 국민은 더 이상 그들의 거짓 선전선동에 속지 않을 겁니다.
내 살림이 지난 1년 동안 좋아졌다면 1번을 찍으시고 나빠졌다면 2번을 찍어 세상을 바꾸어야 하지 않겠습니까?
남북평화 쇼만으로 모든 실정을 덮고 가겠다는 것이 그들의 속임수인데 우리 국민들은 그런 속임수에 넘어갈 정도로 우매하지는 않습니다. 6.13에서 숨은 민심이 폭발할 겁니다.
2번을 찍어 두 배 더 좋은 세상을 만듭시다.
모두 투표장으로 갑시다. 6.13은 민생승리의 날입니다.

2018.5.31.(목)

6.13 지방선거 기자회견문

존경하는 국민 여러분!

대한민국과 우리 국민들의 운명을 결정지을 6.13 지방선거가 이제 13일 앞으로 다가왔습니다.

공식선거운동이 시작되는 오늘, 저는 그 어느 때보다 절박하고 간절한 심정으로 이 자리에 섰습니다.

문재인 정권 지난 1년 동안, 우리 경제가 어떻게 되었습니까?

또, 국민 여러분의 삶은 지금 어떤 상황입니까?

이 정권은 소위 '소득주도성장론'을 앞세워서 국민들을 현혹하고 있지만, 실제 그 결과는 참담할 지경입니다.

국민들의 소득은 감소했고, 경제의 성장엔진은 꺼져버렸습니다.

경제 10대 지표 가운데 9개가 꺾였습니다. 일자리와 직결되는 기업생산 관련 경제지표는 모두 바닥을 치고 있습니다.

지난 3월 광공업 생산은 1.2%나 감소해서 2년 2개월 만에 가장 큰 폭으로 줄어들었습니다. 건설 기성액은 전월 대비 4.5%나 감소해서 부동산 경기 폭락을 여지없이 보여주고 있습니다.

향후 경기에 대한 기대감을 반영하는 기업경영실사지수 역시 큰 폭으로 떨어졌고, 6개월 뒤 경기상황을 전망하는 기업심리지수 조사에서 우리나라는 OECD 31개국 가운데 최하위를 기록했습니다.

이에 따라 기업의 설비투자는 올 3월에만 8% 가까이 감소했습니다.

경기가 이렇다 보니, 일자리 상황은 그야말로 고용절벽에 직면해 있습니다. 올 1분기 실업률이 4.3%로 급등하면서, 실업자 수는 최고치를 기록했고 취업자 수 증가폭도 8년 만에 10만 명대로 추락했습니다. 특히 청년실업률은 10%를 넘어서 2000년 이후 역대 최악이고, 청년체감실업률은 무려 24%에 달하고 있습니다.

수출도, 내수도 모두 급속한 하강 국면이고, 일자리도, 임금도 모두 최악의 상황입니다.

국민들의 호주머니는 가벼워졌는데, 물가까지 치솟아서 고통을 더하고 있습니다. 쌀값이 30% 이상 급등했고, 감자는 무려 77%나 올랐습니다. 외식 한 번 하기도 무섭고 배달음식 시키려면 배달료까지 내야 하는 형편입니다.

게다가 더 무서운 세금 폭탄, 공과금 인상 폭탄이 선거 끝나기만 기다리고 있습니다. 우리 사회의 빈부격차는 더욱 벌어졌습니다.

상위계층과 하위계층의 소득 격차가 무려 5.95배로 역대 최악을 기록했습니다 지난 1년, 우리 국민들 가운데 형편이 나아진 분을 찾아보기가 어려울 지경입니다.

존경하는 국민 여러분!

이렇게 국민의 삶은 나락으로 떨어지고 있는데, 이 정권은 자신들의 삶을 챙기는 데는 그 어느 정권보다 탁월한 재주를 부리고 있습니다.

아무리 비리가 많고 나쁜 짓을 많이 했어도, 정권과 코드만 맞으면 장차관에 임명했습니다. 능력과 경력이 턱없이 부족한 사람도 대통령과 가까우면 낙하산을 타고 공공기관을 점령하고 있습니다.

이번 지방선거에 나온 여당의 후보들을 보아도 기가 막힐 지경입니다. 형수에게 차마 입에 담기도 부끄러운 욕설을 퍼부은 인물, 음주운전에 공무원 자격까지 사칭한 전과 4범이 경기도지사 후보로 나왔습니다.
드루킹 댓글 조작 공범으로 지목되어 감옥에 가야할 사람이 대통령을 등에 업고 경남도지사 후보로 뛰고 있습니다.
조폭에게 운전기사를 제공받고 떵떵거리며 살았던 사람이 민주당 성남시장 후보라고 합니다.
자기 땅 옆에 1조 2천억 원 초대형 개발계획을 세운 부동산 투기 혐의를 받는 수원시장도 또 다시 민주당 공천을 받고 나와 있습니다. 성폭력, 음주 폭력, 집단 성희롱까지 온갖 추문으로 쫓겨난 후보들도 한 둘이 아닙니다.
자유한국당은 이런 의혹이나 폭력에 휘말린 후보가 단 한 사람도 없는데, 어떻게 민주당은 내세우는 사람들마다 이 모양입니까?
국민 여러분!
지금 문재인 정권은 자기들만의 지지를 받는 허황된 지지율에 취해 폭주를 거듭하고 있습니다. 그 폭주의 끝은, 국민들의 절망과 좌절, 대한민국의 몰락일 것입니다.
이번 지방선거에서 자유한국당에게 견제할 힘을 주셔야만 이 정권의 망국적 폭주를 막아낼 수 있습니다.
자유한국당은 지난 탄핵 사태 이후, 완전히 새롭게 태어나기 위해 최선을 다해왔습니다.
서민과 중산층을 위한 정당으로 환골탈태하기 위해 당의 모든 것을 바꾸었습니다. 낡은 인물들을 청산했고, 낡은 제도와 조직을 개혁했고, 낡은 정책들도 모두 혁신했습니다.

기득권은 모두 내려놓았고, 서민과 중산층을 위한 정책들로 그 자리를 채워 놓았습니다.

무너져가는 경제를 다시 일으키고 자유민주주의를 지키기 위해, 자유한국당에게 힘을 모아주실 것을 간곡히 호소 드립니다.

국민 여러분!

깨어있는 국민들의 소중한 한 표가 나라를 구하는 디딤돌이 될 것입니다. 터무니없는 여론조사 결과에 속아 선거를 포기하지 마시고, 반드시 소중한 한 표를 자유한국당에게 주십시오.

투표만이 나라를 살리고, 문 정권의 일방통행을 막을 수 있습니다.

저와 자유한국당은 국민 여러분의 기대를 결코 저버리지 않고 오로지 민생과 경제를 위한 길에 매진할 것입니다.

건강하고 반듯한 지방정부와 지방의회를 만들어서 국민과 가까운 곳에서 국민의 삶을 따뜻하게 챙기겠습니다.

다시 한 번 간곡히 호소 드립니다.

문재인 정권을 견제할 강한 야당은 오로지 자유한국당 뿐입니다.

경제를 살리고 민생을 일으킬 정당도 오로지 자유한국당 뿐입니다.

자유한국당에 힘을 모아주시고 표를 모아주십시오.

감사합니다.

2018. 5. 31 자유한국당 당대표 홍준표

2018.5.31.(목)

나는 30년 조선일보 애독자입니다.
오늘 조선일보 칼럼을 보니 조선일보 사주가 어쩌면 이 사람으로 바뀔 수도 있겠구나 하는 생각이 들었습니다.
정권에 영합하지 않으면 언론도 참 힘든 세상입니다. 조선일보의 문제라기보다 조선일보의 그 사람이 항상 문제였습니다.

2018.5.31.(목)

2006년 3월 서울시장 경선 때 그 사람이 정치부장 하면서 자기 고교후배 편을 들어서 조선일보를 만드는 것을 보고 내가 정론관에 가서 "조선일보가 오세훈이 찌라시냐"라고 극렬하게 실명을 거론하면서 항의한 일도 있었습니다.
참 끈질긴 악연입니다.

2018.6.1.(금)

한국갤럽이 2016.4.11~12 여론조사에서 새누리 37%, 민주 20%로 두배 가깝게 지지율 발표를 했는데, 그 직후 선거 결과 새누리 122석, 민주 123석으로 우리가 야당이 분열되어 국민의 당이 있었는데도 참패했습니다.
이번에도 하는 행태를 보니 지난 대선 때와 똑같이 하고 있습니다.
이런 여론조사기관이 혹세무민하는 세상입니다.
괴벨스의 나라입니다.

2018.6.1.(금)

지금 하는 여론조사는 민주당 지지층이 20% 더 응답하는 편향된 여론조사라고 합니다.
국민여러분 !
드루킹 사건에서 보듯이 여론조작과 지지율 조작으로 국민을 현혹해서 선거를 치르려고 저들은 획책하고 있습니다.
괴벨스 정권에 현혹되지 마시고 어용 방송, 어용 언론에 현혹되지 마시고 6월 8~9일 2번으로 사전투표해 주시고 투표날은 주위 친지들에게 모두 투표 하시도록 권유해 주십시오.
투표만이 민생파탄을 막습니다.

2018.6.2.(토)

지난 대선과 이번 지선의 차이는 탄핵과 북풍입니다.
지난 대선은 탄핵으로 당전체가 패배감에 젖어 나홀로 대선을 할수 밖에 없었지만 지금은 전국 각지에서 훌륭한 후보들이 각자의 당락이 걸려있어 당이 한마음으로 그들을 돕고 있습니다.
선거환경도 지난 탄핵대선보다 민생이 핍박해져 두배 이상 좋습니다. 조작된 여론조사나 기울어진 언론 환경 탓하지 말고 민생으로 파고들면 선거는 이깁니다.
초반 분위기 나쁘지 않습니다. 하루가 평소의 한달과 맞먹는 시간입니다. 전국의 자유한국당 후보님들 힘내십시요.
지방권력까지 넘어가면 일당 독재 국가가 됩니다.
자유한국당 후보님들 파이팅입니다!

2018.6.2.(토)

경남 MBC · 리얼미터의 최근 조사에서 800명 샘플 조사를 했는데 로데이터를 보니 문재인 지지자가 400명이 응답하고 홍준표 지지자는 그 절반인 200명이 응답했다고 합니다.
그런데 경남은 지난 탄핵대선에서 그 악조건 하에서도 내가 이겼던 지역입니다.
그렇다면 내 지지자 응답이 당연히 많아야 되는데, 문재인 지지자들보다 응답자가 절반 밖에 되지 않는다는 것은 최소한 20% 이상 편향된 여론조사로 국민들을 현혹하고 있다는 것입니다.
여론조작 증거가 바로 이런 겁니다. 괴벨스 공화국입니다.

2018.6.3.(일)

여론조사 왜곡 충격실상! 동영상입니다. 댓글조작이어 여론조사 수치왜곡까지! 전국이 이렇습니다.
남북 회담은 이미 반영되었고 문제는 민생 파탄입니다.

2018.6.3.(일)

일부 광역 후보들이 이번 선거를 지역 인물 대결로 몰고 가는 것이 좋겠다고 합니다.
내가 유세에 나서니 문·홍 대결로 고착화되고 지금은 문대통령 세상인데 문·홍 대결로는 선거에 이길수 없고 민주당 후보는 북풍으로 선거를 치르려고 하면서 문 대통령 뒤에 숨어버리기 때문에 이번 선거가 깜깜이 선거가 된다는 것입니다.
그래서 일부 후보들 의견이 타당하다는 판단이 들어 그분들의 의견을 받아 들여 내일부터 나는 유세에 나서지 않기로 했습니다.
선거만 이길수 있다면 내가 무엇인들 못하겠습니까?
이번 선거는 문·홍 대결이 아니라 지방행정을 누가 잘할 수 있느냐 하는 지방 선거입니다.
우리 자유한국당 전국 재보선 지역 국회의원, 광역·기초단체장, 광역·기초의원들 모두 훌륭한 분들입니다.
이미 제가 던진 메세지는 널리 전파가 되어 이번 지방선거는 북풍선거가 아니라 민생파탄 심판 선거가 되었습니다.
전국 각지에서 후보들의 됨됨이를 잘 판단하시어 국민 여러분들께서 우리당 후보님들을 전폭적으로 지지해 주시도록 다시 한번 간청드립니다.
민주당이 이기면 이 나라는 일당 독재 국가로 갑니다.
민생과 견제가 이번 선거의 본질입니다.
국민 여러분들의 혜안을 나는 믿습니다. 감사합니다.

2018.6.4.(월)

미북회담이 이상한 방향으로 흘러 가고 있습니다.
남북은 합작하여 우리민족 끼리를 외치고 있고, 미북은 합작하여 미 본토만 안전한 ICBM폐기만 협상하려고 하고 있습니다.
문 정권은 북핵도 연방제 통일하면 우리것이라는 환상에 젖어 있고, 미국은 20세기초 가쓰라 테프트 밀약, 1938.9 뮌헨회담, 1950.1 애치슨 라인 선포, 1973 키신저·레둑토의 파리 정전회담을 연상시키는 위장평화 회담으로 가고 있습니다.
우리가 우려하던 대한민국 최악의 시나리오가 진행되고 있는데 한국은 환상적 민족주의에 취해 국가 백년대계인 안보가 무너지고 있습니다.
나야 60살을 넘겨 살 만큼 살았으니 이제 가도 여한이 없습니다만 내 자식, 내 손주, 내 국민들이 북핵의 인질이 되어 노예로 살아가야 한다는 것이 눈물나도록 안타깝습니다.
들려오는 외신들을 보면 외교도 장사로 여기는 트럼프 대통령은 그간의 호언장담 하던 북핵 폐기는 간데 없고, 한국의 친북 좌파 정권이 원하는 대로 한국에서 손을 떼겠다는 신호라고 볼 수밖에 없습니다. 문 정권은 순간이지만 대한민국은 영원해야 합니다.

2018.6.5.(화)

왜곡된 여론조사로 우리 지지층이 아예 투표를 포기하게 하려고 방송사들이 난리입니다.
곧 신문에서도 똑같은 방법으로 시·도지사 여론조사도 대대적으로 할겁니다. 그러나 우리의 조사와 분석은 전혀 다릅니다.
북풍에 여론조작에 어용 방송, 어용 신문에 포털까지 가세한 역대 최악의 조건이지만 우리 후보들은 민심을 믿고 나가면 이길 수 있을 것으로 확신합니다.
노무현 탄핵시절 그 당시 차떼기와 탄핵 반발로 전국에서 우리가 당선될 곳은 한곳도 없다고 했지만 선거 결과 121석이나 당선되었습니다. 정당 득표율도 열린우리당과 2.5퍼센트 차이 밖에 나지 않았습니다. 그만큼 우리 국민들은 균형감각이 있습니다.
이번 선거의 본질은 북풍이 아니라 민생과 견제입니다.
도탄에 빠진 민생을 살리고 일당 독재를 막는 선거입니다.
당원 동지여러분! 힘냅시다.
반드시 이깁니다.

2018.6.5.(화)

서울시장 후보 단일화를 서울시민과 야권에서는 절실히 요구하고 있습니다.
박원순 후보가 절대적으로 유리한 상황에서 야권이 분열되어 선거를 치르면 지난 탄핵대선의 재판이 될 수밖에 없습니다.
현실적으로 조직과 정책면에서 우세에 있는 김문수 후보가 사퇴하기는 참 어렵습니다.
그것은 상대적으로 당선 가능성이 높은 25개 구청장, 광역·기초의원, 국회의원 보선이 걸려 있기 때문입니다.
안철수 후보의 인물 평가에 대해서는 높이 사지만 현실적으로 선거는 조직의 열세로는 치를 수가 없습니다. 안철수 후보님이 대승적 결단으로 양보해 주시면 지방선거후 양당이 대동 단결하여 문정권의 폭주를 막고 야권 대통합의 기폭제가 될 수도 있습니다.
안 후보님의 구국적 결단을 앙망합니다.

2018.6.5.(화)

내가 선거유세를 중단 한것은 이번 선거를 지역후보들 대결 구도로 몰고 가기 위해 섭니다.
내가 나서면 문·홍 구도로 가기 때문에 후보들을 앞세우기 위해서 유세를 중단 한 겁니다.
다행히 유세 중단 이후 언론의 중심이 우리 후보들에게 초점이 맞추어지고, 저들은 대통령 지지율만 믿고 아예 나타나지 않는 후보도 있습니다.
전국 후보들 중 인물 비교를 해보면 우리가 뒤질게 전혀 없습니다.
지방선거는 지방 일꾼을 뽑는 선거이지 대통령 선거가 아닙니다.
지난 1년동안 내 생활이 더 나아지고 자식들 취직이 잘되고 물가가 안정되고 경제가 잘 돌아갔다면 1번 찍으시고 그 반대라면 2번을 찍으십시오.
잘못된 정책을 바꾸는 것은 국민이고 투표 밖에 없습니다.
모두 투표에 참여하여 2번 찍어 두배로 잘사는 나라 만듭시다.

2018.6.6.(수)

오늘은 조국을 지킨 영령들을 추모하는 현충일입니다.

애국 열사분들과 그 후손들이 제대로 대접받지 못하는 사회는 정상적인 나라가 아닙니다.

우리 자유한국당은 그 분들의 희생이 자유 대한민국을 지키는 보루가 되었다는 것을 깊이 인식하고 그 후손들의 삶을 국가가 책임지도록 배전의 노력을 다 하겠습니다.

영령들이여! 편히 잠 드십시오.

2018.6.6.(수)

최근 여론조사 행태를 보니 아예 작정하고 편들기 한다는 느낌을 지울 수 없습니다.
지난 대선 때부터 시작된 편들기 여론조사가 선거를 앞두고 이제 도를 넘었습니다.
지난 대선 때는 최고 32.3%나 엉터리로 발표하더니, 이번에는 지난 5/31~6/1 MBC 경남에서 보았듯이 모집단 샘플을 지난 대선 실제 투표 기준으로 민주당 지지자는 우리당 지지자의 두 배가 넘게 뽑아 조사해 놓고 그걸 여론 조사라고 발표를 하고 있습니다.
선거가 끝나면 이런 여론조사 기관은 폐쇄시켜야 합니다.
한점의 직업적 양심도 없이 특정정당 편들기로 혹세무민하는 이런 여론조사 기관은 이번 선거가 끝나면 반드시 책임을 묻겠습니다. 최소한 민주당은 10% 정도 디스카운터 하고 우리는 10% 정도 플러스 하면 그나마 제대로 된 국민 여론일 겁니다.
지난 대선 때부터 우리는 편향된 언론, 방송, 포털과 조작된 여론조사와 싸우는 것이 선거운동 하기보다 더 힘든 상황이 된 괴벨스의 나라에서 선거를 하고 있습니다.
존경하는 국민 여러분! 당원 동지 여러분!
혹세무민하는 엉터리 여론조사에 현혹되지 마시고 꼭 투표장으로 가시기 바랍니다.
기호 2번을 찍어 두 배로 좋은 세상을 만듭시다.

2018.6.7.(목)

부산 선거가 어렵다고들 하지만 나는 그렇게 보지 않습니다.
지난 탄핵 대선 때 최악의 조건 하에서도 72만 표나 나를 밀어 주었던 부산입니다.
서병수 시장의 지난 2014.6 지방선거에서 받은 득표수는 79만 표였습니다. 지난 탄핵대선 때보다 부산 민심이 우리당에 더 나빠졌을까요? 저는 그 반대라고 봅니다.
민생파탄과 정치보복으로 지난 대선 때보다 문대통령 지지가 우리 쪽으로 더 많이 이동했고 안철수 지지가 대부분 우리 쪽으로 이동했기 때문에 서병수 시장의 재선은 틀림없다고 나는 봅니다.
마지막 결집을 하면 지난 지방선거보다 더 큰 차이로 서병수 시장이 재선 될 것으로 나는 확신합니다.
서병수 시장님! 화이팅입니다.

2018.6.7.(목)

도저히 될 것 같지 않던 경기도지사 선거가 품행 선거로 바뀌면서 품행제로 후보가 끝없이 추락하고 있습니다.
형수에게 한 패륜적 욕설에 이어 여배우 스캔들이 공론화 되면서 과연 이런 품행과 인품을 가진 사람이 1,300만 경기 도민의 수장이 될 수 있는가에 대해 경기 도민들이 고민에 고민을 거듭하고 있습니다. 남경필 후보님! 열정을 다 하십시오.
경기도를 품행제로에게 넘길 수는 없지 않습니까?
남경필 지사님! 끝까지 화이팅입니다.

2018.6.7.(목)

미투 문제로 후보 사퇴하고, 천안 시장하면서 돈 받아 구속되어 충남인들 얼굴에 ×칠한 후보들이 있는 충남에 JP이래 국가적인 지도자인 이인제 후보가 고향을 위한 마지막 봉사로 뛰고 있습니다. 충남인들의 자존심을 살려줄 사람, 대한민국의 큰 인물, 이인제 후보를 충남도지사로 뽑아주실 것을 충남도민 여러분들께 간곡히 부탁드립니다.
이인제 후보님! 끝까지 파이팅입니다.

2018.6.7.(목)

요즘 민주당 하는 짓을 보니 꼭 지난 2016.4 총선 때 새누리당 재판을 보는 듯합니다.
민심이 이반 되어 있는 줄도 모르고 180석 운운하다가 참패했던 그 전철을 민주당이 가고 있다고 봅니다.
정말 대구·경북 빼고 전 지역 석권이고 대구조차도 오차범위 내 박빙이라고 믿습니까?
쯔쯔쯔…. 세상 그렇게 만만하지 않습니다.

2018.6.7.(목)

전국 광역자치단체장 평가 1위인 김기현 울산시장님!
울산 경제를 살리고 울산을 공해 도시에서 환경도시로 바꾼 실적 1위 시장님! 최고의 전문성과 행정능력으로 젊은 울산을 산업수도로 변모시킨 울산시장님!
얼마나 능력이 출중하면 정권이 경찰을 동원해서 선거를 망치려고 했겠습니까?
이기붕의 자유당 시절을 연상시키는 경찰의 행태에 울산 시민들은 반드시 분노 투표를 할 겁니다. 압도적인 표차로 당선될 겁니다. 마지막까지 방심하지 마시고 분발하십시오.
김기현, 화이팅입니다!

2018.6.7.(목)

특검에 조사 받고 혐의가 드러나면 감옥 가야할 사람이 경남도청에 가겠다고 우기고 있습니다.
경남도청이 감옥입니까?
경남은 내 태어난 고향이자 지난 4년 4개월 동안 경남지사를 지냈던 곳입니다. 김태호 후보도 이미 재선 경남지사를 했던 능력 탁월한 행정가 출신입니다.
나는 경남에서 김태호 후보가 여유있게 승리하리라 확신합니다.
김태호 후보님! 화이팅입니다.

2018.6.7.(목)

대통령도 5년이면 물러납니다.
이미 7년 이상 지방 행정의 수장을 하면서 뚜렷한 업적 없는 서울시장님, 강원지사님, 충북지사님은 이제 물러날 때가 되지 않았습니까?
이제 전시행정 그만 하시고 우리당 김문수, 정창수, 박경국후보님들에게 시·도정을 물려주시지요.
서울시민, 강원도민, 충북도민들은 변화를 갈구합니다.
박수칠 때 떠나십시오.

2018.6.7.(목)

북은 그동안 30년 동안 삼대에 걸쳐 북핵에 관해 8번의 거짓말을 해왔습니다. 지난 판문점회담에서 보인 것은 9번째입니다.
그래서 나는 문대통령에게 북의 위장평화 쇼에 속지 말고 믿지 마라, 그러나 협상은 하라고 했더니 일부 기자들과 칼럼니스트들, 당내 일부 인사들까지 그걸 두고 막말이라고 했습니다.
내 나라 제1야당의 대표 말보다 김정은의 말을 더 믿는 이러한 일부 현실이 안타깝습니다.
세상이 어떻게 이렇게 되었는지 참으로 암담합니다.

2018.6.8.(금)

사람들은 홍준표가 굴복하는 모습을 보고 싶어합니다.
나는 어떠한 상황에서도 유약한 모습을 보이거나 굴복을 해 본 일이 없습니다.
이번 잠정 유세 중단 결정은 당 내분보다는 내가 굴복하는 모습을 보이는 것이 선거에 오히려 도움이 된다는 판단에 따른 것입니다. 문·홍 대결 보다는 지역 인물 대결 구도가 더 선거에 유리할 것이라는 판단도 들었습니다. 오늘부터 사전 투표에 들어갑니다.
오늘 사전투표를 하고 노원·송파의 요청에 따라 지역유세를 재개합니다. 내일은 부산 해운대를 거쳐 부산 대유세에도 갑니다.
접전지 중심으로 마지막 대유세를 펼쳐 일당 독재를 막고 자유 대한민국을 반드시 지키도록 하겠습니다.
우리 모두 사전 투표에 참여합시다.
투표만이 문 정권의 잘못된 정책을 바꿀 수 있습니다.
2번 찍어 두 배로 살기 좋은 세상을 만듭시다.

2018.6.8.(금)

형수 쌍욕에 여배우와 무상불륜 의혹에 친형 정신병원 강제 입원 의혹까지 받는 품행제로인 사람을 1,300만 경기도민들의 수장으로 뽑는다면 이건 정상적인 나라가 아닙니다.
이제 그만 무대에서 내려가십시오.
워낙 무상을 좋아하시니 불륜도 무상으로 했다는 의혹을 받지요.
경기도 사전투표가 전국 최하위인 이유도 품행제로 때문입니다.

2018.6.9.(토)

오늘 부산 광복동 유세에서 막말 프레임에 대해서 설명하고 사과를 했습니다. 막말 프레임의 시초는 노무현 자살에서 출발합니다. 자신들에게는 신격화된 노무현 전대통령을 서거했다고 하지 않고 자살했다고 한다고 막말했다고 그때부터 나를 막말 프레임에 가두기 시작했습니다.
그 후 경상도에서는 흔히들 하는 장인 어른을 영감쟁이 라고 했다고 막말했다고 했고, 과거 박지원 의원이 박찬종 의원을 빗대어 연탄가스라고 비유한 것을 내가 잔박 보고 그 말을 하니 내보고는 막말했다고 했습니다.
"개가 짖어도 기차는 간다."라는 말의 어원은 〈바람과 함께 사라지다〉에서 나오는 유명한 대사입니다. 93년 YS가 차용한 유명한 비유법인데, 내가 하니까 그것도 일부 무지한 종편 패널들이 막말이라고 했습니다.
내가 하는 강하고 쎈 말은 모조리 막말로 매도되는 현재 언론 상황에서 막말 프레임을 벗어나기 위해서는 내가 사과하는 방법밖에 없었습니다.
지난 공직생활 36년 동안 굴욕적인 사과나 굴복을 한 일은 없지만, 이번 막말 프레임은 사실 유무를 떠나 그렇게 알려져 버렸기 때문에 사과를 하지 않을 수가 없었습니다.
오해도 사실이 되어 버리는 세상 일이 어디 이것뿐이겠습니까?
더 이상 막말 프레임에 갇히지 않도록 주의하도록 하겠습니다.

2018.6.10.(일)

어제 이재명 후보의 본거지인 성남 유세가 운동원만 있고 청중이 없는 썰렁한 유세였다고 합니다.
그렇습니다. 형수 쌍욕에 이어 친형 강제 정신병원 입원, 여배우와 15개월 무상불륜을 보면서도 이재명을 경기도지사로 찍어준다면 이건 정상적인 나라가 아니지요.
더구나 이를 해명하는 과정에서 거짓말을 거짓말로 덮는 파렴치를 보노라면 한 편의 막장 드라마를 보는 느낌입니다.
지도자가 잘못을 할 수는 있습니다.
그러나 지도자는 거짓말을 해서는 안 됩니다.
이재명 후보에 대해서는 선거의 승패를 떠나 이번 사건에 대한 진상을 꼭 밝혀 파렴치한이 정치판에 발붙일 수 없도록 조치를 반드시 취하겠습니다.
이제 코미디 대행진 그만 하고 무대를 내려가십시오.
그만하면 많이 묵었습니다.

2018.6.10.(일)

어제 가본 부산 민심은 그랬습니다.

결론적으로 말씀드리면 표면상 여론조사는 민주당, 바닥 민심은 한국당이었습니다.

만나는 사람마다 민생 파탄을 우려했습니다.

서울·경기·인천·강원·충남·충북·대구·경북·울산·경남·부산 등 이번 선거기간 중 내가 방문했던 지역의 대부분이 그랬습니다.

정책을 바꾸려면 국민들이 투표장으로 가야 합니다.

이번 선거는 민생선거이지 북풍선거는 아닙니다.

북풍은 저들에게 맡기고 우리는 민생으로 승부합니다.

2번 찍어 두 배 더 좋은 세상을 만듭시다.

꼭 투표합시다.

2018.6.10.(일)

이젠 경기도 패륜, 무상불륜 후보는 사퇴하는 것이 그나마 사내로서 자존심을 지키는 일이 아닐까 생각됩니다.

민병두는 슬그머니 돌아 왔지만 안희정은 파렴치한 행동을 반성하고 사퇴했습니다.

정봉주는 부인하다가 불출마했습니다.

박수현도 불출마했습니다.

민주당 사상 구청장 후보도 사퇴했습니다.

오래전 일도 아니고, 젊은 시절 일시적 탈선도 아니고, 장년에 이르러 최근에 있었던 불륜들입니다. 끝까지 거짓으로 추문을 덮으려 한다면 더 큰 화가 올 수도 있습니다.

문빠들이 지지를 철회하고 있고, KBS도 가세한 것을 보면 청와대에서 이미 포기한 카드가 아닙니까?

자기 진영에서도 감싸주기를 포기한 것은 지난 대선 경선 때 역린을 건드렸기 때문일 겁니다.

김경수는 뻔한 일인데도 끝까지 감싸고 있지만

안희정이 참담하게 제거되는 것 못 보셨습니까?

최성이 공천 날라간 것 못 보셨습니까?

거물에게 달려들려면 제일 먼저 자신이 깨끗했어야 합니다.

정치가 다 그런 겁니다.

정치 무상이라고 생각하시고 이제 그만 무대에서 내려오십시오.

확인사살 당하는 것은 더욱 더 비참한 일입니다.

2018.6.11.(월)

송파 배현진 후보 유세를 하면서 오늘 사전투표를 했습니다.
나는 모두 2번 후보를 찍었습니다. 그랬더니 어느 분이 교육감은 누구를 찍었습니까 하길래, 박선영 후보를 찍었다고 했습니다.
누굴 선거운동 해준 것도 아니고 단순히 투표 후 누구에게 투표했다고 말 한 것을 두고 지방교육자치에 관한 법률위반이라고 시비를 걸고 있습니다. 그 정도는 나도 압니다.
내가 누구를 지지하는 선거 운동을 한 것도 아니고 누구에게 투표했다고 말하는 것을 금지하는 것도 아닌 자유민주주의 국가에서, 아예 야당대표는 입 닫고 선거하라는 것과 다름 아닙니다.
지난 2,000만 원 과태료 사건도 여론조사를 공표한 것도 아니고 수치를 밝힌 것도 아니고 단지 기자 물음에 차이가 좀 난다고 한 것을 마치 여론조사를 공표한 것처럼 아예 야당 대표의 입을 막아 선거를 치르려는 문 정권의 행태에 분노합니다.
북풍이 선거의 전부가 아닙니다. 선거는 민생입니다.
지난 1년 동안 내 형편이 나아졌다면 자녀들 취업이 잘되고 있다면 1번을 찍으시고, 그 반대라면 2번을 찍는 것이 선거입니다.
이 정부의 좌파 경제정책을 바꾸려면 이번 기회밖에 없습니다.
민생과 견제가 이번 선거의 본질입니다.
6.13 모두 투표장으로 가서 2번을 찍어, 문 정권의 사회주의 경제 정책을 바꿉시다.

f 2018.6.11.(월)

존경하는 창원시민 여러분!

안상수 시장이 무소속 출마하는 바람에 혼란이 있을 것으로 압니다. 우선 안 시장을 공천 배제한 것은 사적인 감정이 아니라 정무적 판단에 따른 것이라는 점을 밝힙니다.

안시장님은 이제 연세도 80을 바라보고 있습니다.

창원의 젊은 시장이 필요합니다.

그래서 제가 도지사 시절 탁월한 능력을 보인 조진래 후보를 세대교체 차원에서 엄중한 절차를 거쳐 공천한 것이지 결코 사적인 감정에서 공천한 것은 아닙니다.

100만 도시를 제외한 이번 전국 기초단체장 공천은 국회의원, 당협위원장의 책임 아래 그 분들이 책임공천을 한 것이지 경남을 비롯해 전국적으로 홍준표가 사천한 곳은 단 한 곳도 없습니다.

만약 사천이라면 제가 지사 후보를 윤한홍 의원으로 지명하지 김태호 후보를 지명했겠습니까?

창원의 희망찬 미래를 위해 조진래 후보에게 표를 몰아주시기 바랍니다. 창원을 젊은 도시, 역동적인 혁신 도시로 만들기 위해 6.13 모두 투표장으로 가서 조진래 후보를 찍어 주시기 바랍니다.

내 고향 발전을 위해 온 힘을 다 하겠습니다.

지사는 김태호, 시장은 조진래를 뽑아 다시 경남 미래 50년 준비에 박차를 가합시다.

꼭 부탁드립니다.

2018.6.11.(월)

헌재의 노무현 탄핵기각 결정문을 찾아보시면, 지난번 선관위에서 한 과태료 처분과 이번 박선영 교육감 관련 발언이 선거법 위반이나 관련 법률위반이 아니라는 것이 명백한데, 굳이 시비를 거는 것은 야당대표 선거활동을 아예 입을 막아 못하게 하도록 하는 문 정권의 저의가 숨어 있다고 의심하지 않을 수 없습니다.
참 힘든 선거를 치르고 있습니다.
그러나 나는 우리 국민들의 균형감을 믿습니다.

f 2018.6.11.(월)

오늘 받은 보고는 이번 지방선거 사전투표에서 총 860만 명중 220만 명의 당원, 대의원, 당원 가족들이 투표에 참여했다고 합니다. 사전투표는 좌파들의 전유물이었지만, 이번에는 우리가 역으로 한번 시도해 봤습니다.

이는 예년 사전투표에 비해 우리당 당원들이 훨씬 많은 숫자로 사전투표에 참여한 것입니다.

이제 사전 투표를 마친 우리당 당원, 그 가족, 대의원들이 전국적으로 6.13 본 투표 참여 운동을 본격적으로 펼쳐 대역전의 계기를 마련할 것입니다.

표면상 여론조사와 민심의 괴리를 이번 선거를 통해서 국민들이 확실히 보여 줄 것으로 나는 확신합니다.

선거 결과를 한번 봅시다.

이번 선거가 북풍선거인지 민생선거인지 국민이 판단해 줄 것으로 확신합니다. 국민 모두 투표장으로 가서 나라 망치는 문정권의 좌파 사회주의 경제 정책을 바꿉시다.

2018.6.12.(화)

거점지역 유세를 마치고 마지막으로 경기.서울에서 선거운동을 종료합니다.
이번 선거는 우리로서는 역대 선거 중 최악의 상황에서 치른 선거였습니다.
심판 받아야 할 세력들에 대한 비판보다 야당 비난에 초점을 둔 언론환경에, 조작된 여론조사까지 판치는 비정상적인 환경, 북풍에, 야당 분열까지 겹치고, 탄핵의 여파가 남아 있는 정권 교체 1년 만에 치르는 이번 선거는 우리에게는 가히 설상가상이었습니다.
그러나 당원 동지들의 단합된 힘과 상대적으로 우위에 있는 우리 후보들의 피어린 노력으로 나는 막바지 대역전의 흐름을 보았습니다. 이제 하루뿐입니다.
문 정권의 민생파탄을 국민들에게 각인 시키고, 그것이 내일 투표로 이어질 수 있도록 전국의 당원 동지 여러분들의 마지막 분발을 촉구합니다.
자유 대한민국을 지키는 마지막 보루로서 자유한국당이 있다는 것을 국민들에게 알려 주십시오.
우리들의 진심이 통한다면 내일 우리는 국민들로부터 승리의 월계관을 받을 것입니다.
당원동지 여러분! 마지막까지 전력을 다합시다.
자유한국당 화이팅!

2018.6.12.(화)

막가는 인생의 종착역이 보입니다. 위선과 거짓 인생의 종착역이 보입니다. 경기도민들의 올 바른 판단을 기대합니다.

아무리 본질을 숨겨도 결국은 드러나게 됩니다.

경기도지사 선거는 국민 여러분들의 도덕성 판단의 시금석이 될 것입니다. 파렴치한으로 드러나자 청와대와 민주당도 후보를 포기했습니다. 이런 후보를 당선 시킨다면 선거 무용론이 일반화될 겁니다.

존경하는 경기도민 여러분!

경기도의 자존심, 남경필 후보를 꼭 선택해 경기도의 도약을 이루어 주시기 바랍니다.

감사합니다.

2018.6.12.(화)

존경하는 충남도민 여러분!
내일이 투표날입니다.
돈, 여자 문제로 온갖 추문에 휩싸여 충남 도민들의 자존심을 땅바닥에 떨어트린 민주당을 다시 지지하시겠습니까?
우리 자유한국당은 한국 자유 민주주의의 마지막 보루입니다.
충청의 큰 인물 이인제, 천안의 새인물 길환영, 이창수, 깨끗한 천안 시장 박상돈, 그 외 자유한국당의 기초단체장들, 광역, 기초의원들 모두가 훌륭하고 충남의 지방 행정을 이끌어갈 인재들입니다.
내일 꼭 투표장으로 가셔서 자유한국당 후보들을 선택하시어 충남의 자존심을 세우시고 젊고 역동적인 충남을 만드시기를 기대합니다. 꼭 투표하십시오.
감사합니다.

2018.6.12.(화)

존경하는 부산시민 여러분!

우리는 YS 이후 25년간 부산시민 여러분들의 사랑을 한 몸에 받아 왔습니다.

그러나 지난 박근혜 전대통령 탄핵사태로 부산시민 여러분들의 실망과 분노를 함께 샀습니다.

그 이후 우리는 1년 동안 철저한 반성과 혁신으로 새롭게 태어났습니다.

지난 토요일 광복동 유세장에서 저는 당 대표로서 그 동안의 잘못을 부산시민과 국민 여러분들에게 철저하게 반성하고 사죄드렸습니다. 저희들에게 마지막으로 기회를 주십시오.

부산시장은 서병수, 해운대 국회의원은 김대식, 그 외 기초단체장, 기초, 광역 후보들 하나같이 모두 지방행정을 잘해 나갈 걸출한 인물들입니다.

나라 전체가 민주당 일당 독재로 가서는 나라가 무너집니다.

다시 한 번 저희들을 믿어 주시면 자유 대한민국을 지키고, 부산시민 여러분들의 행복을 지키도록 전력을 다해 노력하겠습니다.

내일 모두 투표장으로 가셔서 2번 찍어 두 배로 좋은 세상 만들도록 하십시다. 간절히 부탁드립니다.

감사합니다.

f 2018.6.12.(화)

존경하는 울산시민 여러분!
울산은 어려웠던 시절 우리 가족이 살길을 찾아 헤맬 때 마지막으로 1974년 6월 울산시 복산동 판자촌으로 이사를 갔던 저의 마지막 고향입니다.
저는 아직도 그 판자촌 생활을 잊지 않고 있습니다.
그런 울산이 이제 대한민국 산업수도로 우뚝 섰습니다.
울산의 오늘이 있기까지는 전적으로 한국 보수 우파인 우리당의 노력 덕분입니다.
그런 울산의 전통을 이어가기 위해서 저나 우리 자유한국당은 김기현 시장을 중심으로 일치단결하고 있습니다.
김 시장은 전국 17개 광역단체장 평가 중 언제나 1위를 놓치지 않은 울산이 배출한 걸출한 인재입니다.
아무리 북풍 속에 선거를 치르지만 김기현 시장의 이런 업적은 제대로 평가 받아야 하지 않습니까?
내일 모두 투표장으로 가셔서 권력의 탄압에 맞서 울산을 지키는 김기현 시장을 보호해 주시기 바랍니다.
꼭 부탁드립니다.
감사합니다.

2018.6.12.(화)

이로써 북풍을 선거에 이용하려던 저들의 저의는 미풍으로 끝났습니다.

남은 것은 민생파탄에 대한 국민 심판입니다.

내일 모두 투표장으로 가서 문·정권의 민생파탄을 심판합시다.

2018.6.12.(화)

미북회담에 많은 기대를 걸었습니다.
그사이 트럼프가 우리 국민들에게 너무나
많은 약속을 했기 때문입니다.
그런데 막상 회담이 끝나고 보니
아무런 내용도 없는 공허한 합의만 했습니다.
이럴 거면 미북회담을 왜 했는지 참으로 의아합니다.
CVID는 꺼내지도 못했고 오히려 한미 군사훈련중단,
주한미군 철수 운운하고 회담을 끝냈습니다.
나는 그것을 보면서 트럼프가
'남북이 한통속이니 너희들끼리 알아서 해라'라고
하는 것 아닌가 하는 생각이 들기도 했습니다.
참으로 나라의 안보가 걱정입니다.
외신은 대부분 비판을 하고 있지만, 오늘 방송,
내일 신문은 대부분 칭찬 일변도 일 겁니다.
5공시절 보도 지침을 연상케 합니다.
나야 60을 넘겼으니 북망산을 가도 미련이 없으나
내 나라, 내 국민, 내 자식, 내 손주가
북핵의 노예가 되어 살아 갈 것을 생각하니
걱정이 되지 않을 수 없습니다.
깨어 있는 국민이 자유 대한민국을 지킵니다.

2018.6.13.(수)

어제 미북회담은 20세기초 가쓰라 테프트협약, 1938년 9월 히틀러 체임벌린의 뮌헨회담, 1973년 키신저와 레둑토의 파리 정전회담을 연상시키는 미국이 일방적으로 김정은에 놀아난 실패한 회담이었습니다.
더구나 트럼프가 자신의 국내에서 처한 곤경에서 벗어나기 위한 오로지 트럼프만을 위한 회담이었다는 외신들의 평가도 다수 있습니다. 이로써 우리는 안보도 이제 우리 힘으로 지킬 수밖에 없다는 절박한 위기에 처했습니다.
아무런 CVID에 대한 보장도 없이 한미군사 훈련도 취소하고 미군철수도 할 수 있다고 한 것은 오로지 김정은의 요구만 들어주고 얻은 것은 아무것도 없는 대실패 회담이었는데 청와대는 이를 뜨겁게 환영한다는 겁니다.
어제 언급 했듯이 트럼프의 기본 인식은 남북이 합작으로 달려드니 한반도에서 손을 뗄 수도 있다는 신호일 수밖에 없습니다.
경제 파탄을 넘어 안보파탄도 이제 눈앞에 와 있습니다.
이를 막을 길은 투표밖에 없습니다.
존경하는 국민 여러분!
대한민국의 현실이 이렇게 암담하고 절박합니다.
모두 투표장으로 갑시다.
꼭 투표하여 자유 대한민국을 지킵시다.
깨어 있는 국민만이 자유 대한민국을 지킵니다.

2018.6.13.(수)

THE BUCK STOPS HERE!

※ 모든 책임은 나에게 있다.

2018.6.13.(수)

출구조사가 사실이라면 우리는 참패한 것입니다.
그 참패에 대한 모든 책임은 나에게 있습니다.
그러나 아직도 믿기지 않은 부분이 있습니다.
개표가 완료되면 내일 오후 거취를 밝히겠습니다.

2018.6.14.(목)

우리는 참패했고 나라는 통째로 넘어 갔습니다.
모두가 제 잘못이고, 모든 책임은 저에게 있습니다.
국민 여러분들의 선택을 존중합니다.
당원동지 여러분! 후보자 여러분 !
그동안 참으로 수고하셨습니다.
오늘부로 당대표직을 내려놓습니다.
부디 한마음으로 단합하여 국민들로부터 신뢰받는
신보수주의 정당으로 거듭나기를 부탁드립니다.
감사합니다.

2018. 6. 14 자유한국당 당대표 홍 준 표

2018.6.16.(토)

내가 지난 1년 동안 당을 이끌면서 가장 후회되는 것은 비양심적이고 계파 이익 우선하는 당내 일부 국회의원들을 청산하지 못했다는 것입니다. 내가 만든 당헌에서 국회의원 제명은 3분의2 동의를 얻어야 한다는 조항 때문에 속 끓이는 1년 세월을 보냈습니다.
마지막으로 막말 한번 하겠습니다.
고관대작 지내고 국회의원을 아르바이트 정도로 생각하는 사람, 추한 사생활로 더 이상 정계에 둘 수 없는 사람, 의총에 술이 취해 들어와서 술주정 부리는 사람, 국비로 세계일주가 꿈인 사람, 카멜레온처럼 하루에도 몇 번씩 변색하는 사람, 감정 조절이 안 되는 사이코패스 같은 사람, 친박 행세로 국회의원 공천받거나 수차례 하고도 중립 행세하는 뻔뻔한 사람, 탄핵 때 줏대 없이 오락가락 하고도 얼굴 경력하나로 소신 없이 정치생명 연명하는 사람, 이미지 좋은 초선으로 가장하지만 밤에는 친박에 붙어서 앞잡이 노릇하는 사람, 이런 사람들 속에서 내우외환으로 1년을 보냈습니다. 이제 나는 평당원으로 돌아 왔습니다.
이념에도 충실하지 못하고 치열한 문제의식도 없는 뻔뻔한 집단으로 손가락질 받으면 그 정당의 미래는 없습니다.
가장 본질적인 혁신은 인적 청산입니다.
겉으로 잘못을 외쳐본들 떠나간 민심은 돌아오지 않습니다.
나는 이제 더 이상 말하지 않고 이 말로 페이스북 정치는 끝냅니다. 그동안 감사했습니다.

2018.6.27.(수)

꽃이 지기로소니 / 바람을 탓하랴.

주렴밖에 성긴 별이 / 하나 둘 스러지고

귀촉도 울음 뒤에 / 머언 산이 다가서다.

촛불을 꺼야하리 / 꽃이 지는데

꽃 지는 그림자 / 뜰에 어리어

하이얀 미닫이가 / 우련 붉어라.

묻혀서 사는 이의 / 고운 마음을

아는 이 있을까 / 저허하노니

꽃이 지는 아침은 / 울고 싶어라.

–조지훈 『낙화』

2018.7.8.(일)

다음 주에 잠시 미국에 다녀옵니다.
지난 대선 때부터 나는 두 가지 문제에 대해 일관되게 말해 왔습니다.
"한국에 좌파정권이 들어오면 미국이 한국에서 손을 뗄 수가 있다. 한국과 북한이 하나가 되어 반미운동에 나설 수가 있기 때문에 미국이 굳이 한국 좌파정권과 동맹할 필요가 없다. 그래서 경제적 실리만 챙기고 대 중국 방어선을 일본, 필리핀, 베트남, 인도로 그을 수가 있다."
이 우려는 지금 현실화되고 있습니다. 실제로 신 애치슨 라인은 현실화되고 있고 오바마 정권 말기에 오바마는 인도, 베트남, 필리핀, 일본을 연쇄 방문한 일이 있었습니다.
지금 문 정권이 진행하고 있는 평화프레임은 지난 70년간 한국의 번영을 가져다준 한·미·일 자유주의 동맹을 깨고 북·중·러 사회주의 동맹에 가담하겠다는 것이라고 나는 봅니다.
최근 문 대통령이 북한 김정은을 만나고 시진핑을 만나고 푸틴까지 만났습니다.
헌법도 사회주의 체제로 개정하고 남북연방제 통일도 추진할 것입니다
아울러 주한 미군철수 문제가 북·중에 의해 공식화되고 국내 좌파들도 하반기에는 국가보안법 폐지와 주한미군 철수를 본격화할 것입니다.

그래서 지난번 판문점 남북정상회담을 나는 이러한 시도의 시작으로 문재인·김정은의 위장평화회담으로 본 것입니다.
국민들의 거센 비판에도 불구하고 위장평화회담으로 본 것은 그런 뜻에서 판단한 것입니다.
북핵 폐기는 간데없고 통일되면 북핵도 우리 것이라는 친북좌파의 논리가 앞으로 횡행할 것입니다.
미북 핵 폐기 회담은 이미 헛된 것임이 판명되고 있는데도 트럼프는 11월 미국 중간선거까지는 최소한 ICBM 폐기만이라도 집중할 것입니다.
북핵 폐기는 간데없고 남북 협력만 앞세우는 이 정권의 노림수는 바로 이것이라고 나는 봅니다.
그런데 국민들이 이러한 위장평화에 동의를 과연 할까요?
평화프레임의 본질이 이런 것으로 밝혀져도 국민들이 과연 동의를 할까요?
나는 이러한 의문을 갖고 이를 풀어보기 위해 잠시 방미 합니다.
둘째 문제가 경제파탄입니다.
좌파정권이 들어서면 퍼주기 복지와 기업 옥죄기, 증세, 소득주도 성장론 등 좌파 경제정책의 시행으로 5년 안에 나라가 거덜날 수도 있다고 경고한 바 있습니다.

최근 공무원 증원, 강성노조 세상, 이전 소득이 근로 소득을 넘어서고 물가폭등, 자영업자 몰락, 청년실업 최고치 경신, 기업 해외탈출은 경제파탄이 현실화되고 있다는 경고입니다.

미국이 추가로 금리를 인상하면 해외자본 이탈도 가속화되어 나라는 IMF 때보다 더 어려워질 수 있습니다.

나라가 망한 그리스와 베네수엘라로 가고 있습니다.

경제정책이 바뀌어야 삽니다.

지방선거에서 경제를 통째로 넘기지 말자고 나라를 통째로 넘기지 말자고 한 것도 이러한 뜻에서 한 것인데, 우리의 이러한 주장은 국민적 동의를 얻지 못했습니다.

연말까지 나라가 나가는 방향을 지켜보겠습니다.

홍준표의 판단이 옳다고 인정을 받을 때 다시 시작할 것입니다.

내 나라가 선진 강국이 되는 길을 찾도록 노력할 것입니다.

휴식과 공부를 위해 잠시 나갔다 오겠습니다.

2018.7.21.(토)

냉전세력과 냉전에 대처하는 국가적인 전략을 구분하지 못하고 후자를 말하면 전자로 매도하는 좌파들과 일부 패션 우파들이 있습니다.
지구상에 남아 있는 마지막 냉전지역이 한반도입니다.
한반도의 냉전을 돌파하려면 대화와 타협으로 돌파하는 방법이 있고, 힘의 균형을 바탕으로 상대를 압도함으로써 상대를 굴복시키는 방법이 있습니다.
그런데 대화와 타협으로 돌파를 하려면 상대의 자세와 태도 변화가 전제되어야 하는데 지금의 북은 전혀 변화되지가 않았습니다. 위장이라는 뜻입니다. 그런데도 북이 변했다고 국민을 현혹하는 것은 더 큰 재앙을 불러올 수가 있습니다.
DJ나 노무현이 북에 지원한 달러가 핵이 되어 돌아 왔듯이 잘못된 북에 대한 오판은 북핵을 용인하는 한반도의 재앙을 가져올 수 있습니다. 다시 한 번 말씀드리면 북핵을 용인하고는 한반도의 평화는 절대 불가합니다. 북은 절대 핵을 포기하지 않습니다.
체제 전쟁에서 밀리다가 북핵 한방으로 주도권을 잡았는데 그것을 포기할리가 있습니까?
북핵을 포기하는 순간 김정은도 강성 군부에 의해 숙청됩니다.
북핵을 대처하는 지금 정권의 방법에 대해 내가 우려하는 것은 바로 이것입니다.
결코 냉전적 사고가 아니라는 것을 거듭 강조합니다.

2018.7.28.(토)

그 어떤 경우라도 자살이 미화되는 세상은 정상적인 사회가 아닙니다.
잘못을 했으면 그에 상응하는 벌을 받아 들여야 하는 것이지 그것을 회피하기 위해서 자살을 택한다는 것은 또 다른 책임회피에 불과합니다.
오죽 답답하고 절망적인 상황에서 극단적인 선택을 할 수밖에 없었는지 일견 이해는 갑니다만, 그래도 자살은 생명에 대한 또 다른 범죄입니다.
사회 지도자급 인사들의 자살은 그래서 더욱 잘못된 선택입니다.
아울러 그러한 자살을 미화하는 잘못된 풍토도 이젠 고쳐져야 합니다.

2018.7.29.(일)

같은 말을 해도 좌파들이 하면 촌철살인이라고 미화하고, 우파들이 하면 막말이라고 비난하는 이상한 세상이 되었습니다.
맞는 말도 막말이라고 폄훼하는 괴벨스공화국이 되어가고 있습니다.
참으로 개탄할 일입니다.

2018.8.13.(월)

저들은 정치를 퍼포먼스로 하는데
우리는 리얼리티로 정치를 했습니다.
진실은 가식을 이기지 못했습니다.
그러나 가식은 본질이 곧 드러나게 됩니다.
영원히 숨겨지는 가식은 없습니다.

2018.8.29.(수)

정치판은 프레임 전쟁입니다.

상대방의 프레임에 갇혀 이를 해명하는데 급급하여 허우적 대다보면 이길 수 없는 전쟁이 됩니다.

탄핵과 대선 때는 국정농단 프레임에 갇혀 있었고, 지방선거 때는 적폐청산과 위장평화 프레임에 갇혀 있었습니다.

앞으로 총선 때는 연방제 통일 프레임이 등장할 수도 있습니다.

우리가 만든 프레임으로 다시 시작해야 합니다.

저들의 프레임에 다시는 말려들지 말아야 합니다.

f 2018.8.31.(금)

경제 민주화가 한국정치의 화두가 된지 오래 되었습니다.
경제에 정치개념이 가미된 것이 경제 민주화입니다.
경제 민주화의 근본 목적은 공평한 분배에 있습니다.
우리 헌법상 근거는 헌법 제119조 제2항에 있지요.
그런데 우리 헌법 제119조 제1항은 경제 자유화를 천명하고 있고, 그것은 우리 헌법의 경제에 대한 기본 원칙입니다.
그런데도 우리는 마치 경제 민주화가 원칙인줄 잘못 알고 그것이 지고지선한 정책인양 잘못 알고 있었습니다.
하이에크의 경제자유화론이 헌법 제119조 제1항이라면, 케인즈의 경제민주화론은 헌법 제119조 제2항이라고 볼 수 있습니다. 원칙과 예외가 뒤바뀐 경제 정책을 지난 30년간 우리는 반성 없이 추진해 왔습니다.
그 결과 저성장과 예상과는 달리 양극화는 가속화 되었고, 복지 포퓰리즘은 일반화되어 그리스와 베네수엘라 경제를 따라가는 형국이 되었습니다.
지금은 그것이 더욱더 심화되고 있기 때문에 세계가 호황국면인데 우리만 유독 저성장, 물가 폭등, 최악의 청년실업, 기업 불황, 수출 부진, 자영업자 몰락 등으로 나라 경제가 파국으로 치닫고 있습니다. 경제에 좌파이념을 추가한 정부가 성공한 사례는 세계 어디에도 없습니다. 다시 한 번 돌아보고 더 이상 파국이 오기 전에 새로운 경제정책을 세워야 할 때입니다.

2018.9.2.(일)

내가 페이스북에 글을 쓰는 것은 언론에 한줄 나기 위해서 쓰는 것이 아니라 내 생각을 정리하고 공유하고 역사의 기록을 남기기 위해서 입니다.
더구나 언론의 기울어진 운동장에서 내 뜻이 왜곡되는 것을 막기 위해서 국민들과 직접 소통하는 길이기도 합니다.
최근 경제 민주화에 대한 글을 쓴 것은 지난 30년 동안 잘못 알고 있던 경제 민주화에 대한 일반의 인식을 바로 잡기 위한 것인데, 어느 언론에서는 이를 보도하면서 헌법 제 119조 제1항 경제 자유화가 제119조 제2항 경제 민주화보다 앞에 있다는 것을 이유로 내가 경제 자유화가 우선한다는 식으로 기사를 게재한 것을 보고 아연 실색을 했습니다.
 법 조문은 원칙과 보칙, 또는 예외를 기술할 때 원칙은 앞 또는 본문에 쓰고 보칙과 예외는 그 다음 또는 단서에 쓴다는 기본 원칙도 모르고 무지하게 기사를 작성하는 것이 한국 언론의 현 주소인 상황입니다. 그래서 나는 국민과 직접 소통하기 위해서라도 페이스북을 사용하지 않을 수 없습니다.
앞으로 국민과 직접 소통하는 다른 다양한 방법도 고려 중입니다.

f 2018.9.5.(수)

비정규직 차별 해소를 위해 오랫동안 많은 정책을 강제하고 실시했지만 해결이 되지 않는 것은 본질을 간과하고 있기 때문입니다.
문제의 본질은 정규직 근로자의 고용 유연성이 강성 귀족노조에 의해 저지되고 있기 때문에 비정규직 채용이 늘어날 수밖에 없습니다.
독일의 현재의 번영은 슈뢰더 좌파정권 시절에 하르츠 노동개혁을 하면서 고용의 유연성을 확보했기 때문에 가능했습니다.
덕분에 슈뢰더는 실각했지만 독일은 살아나 지금의 번영을 이루었습니다.
고용의 유연성을 확보하지 않고는 그 어떤 정책도 비정규직 문제를 해결할 수가 없습니다. 조직화된 극소수의 강성 귀족 노조가 대한민국을 멍들게 하고 있습니다.
그래서 나는 근로자의 3퍼센트도 되지 않는 강성귀족 노조가 그들의 기득권을 지키기 위해 대한민국을 망치고 있다고 보는 것입니다.
경제 민주화의 본질 바로 알기에 이어 한국 노동 문제의 본질 바로 알기를 오늘은 말해 보았습니다.
앞으로 각 분야의 본질 바로 알기 운동을 계속하도록 하겠습니다.

2018.9.8.(토)

1982년 사법시험을 합격하여 공직에 들어선 이래 지난 36년 동안 검사·국회의원·도지사·상임위원장·원내대표·당 대표를 거치면서 숨 가쁜 세월을 보냈습니다.
지난 두 달 동안 36년 만에 휴식과 힐링의 시간을 미국에서 보내면서 대한민국의 혜택을 그렇게 많이 받았던 내가 나머지 인생을 대한민국을 위해 어떻게 헌신해야 할지 생각하는 소중한 시간을 가졌습니다. 독서와 충전, 성찰과 반성의 시간을 보낸 지난 두 달은 내 인생에 있어서 가장 행복한 시간이었습니다.
또다시 갈등의 대한민국으로 들어갑니다.
내 나라가 부국강병한 나라가 되고 선진강국이 되도록 배전의 노력을 다할 것을 다짐합니다.

2018.9.14.(금)

근로 소득보다 이전 소득이 많은 나라가 성공한 전례가 없습니다.
증세를 통해서 이전 소득을 무상으로 더 많이 나누어 줄려는 소위 무상복지 국가는 베네수엘라, 그리스로 가는 망국입니다.
최근 각종 부동산 증세를 통해 무상복지, 대북지원자금을 마련하려는 문 정권의 정책은 나라의 장래를 위해 바람직하지 않습니다.
이념에 너무 몰입하는 경제 정책은 국민 경제를 멍들게 합니다.
나라가 정상화 되었으면 합니다.

2018.9.17.(월)

지난 토요일 귀국하는 공항에서 환영 나오신 지지자 분들에게 경황이 없어 제대로 감사의 인사도 드리지 못하고 빠져 나온 것에 대해 정말 죄송스럽게 생각합니다.
사과드립니다.
다음부터는 그런 일 없도록 하겠습니다.
거듭 사과드립니다.

2018.9.19.(수)

내가 5.18 유공자 명단에 있다는 어이없는 페이크 뉴스가 계속 되고 있는 모양입니다.

나는 5.18 직후 군부대에서 방위소집으로 군 복무 중에 있었고 5.18 광주민주화운동과는 아무런 관련이 없습니다.

모든 것이 5.18 유공자 명단을 은폐하고 있기 때문에 그런 어처구니없는 가짜 뉴스가 생산되고 있다고 봅니다.

이제라도 5.18 유공자 명단과 선정절차, 혜택 등이 명명백백하게 공개되어야 할 것입니다.

은폐하면 할수록 5.18 영령들을 욕보이게 될 것입니다.

당당하게 공개하여 과연 그들이 5.18 유공자인지 여부를 국민들이 알도록 해야 할 것입니다.

2018.9.22.(토)

"더도 덜도 말고 한가위만 같아라."
라고 했습니다.
최악의 실업난, 경제난이지만
추석 명절 만큼은 맘 편하게 보내십시오.
This, Too, shall pass away!

2018.9.25.(화)

1615년 5월 오사카성의 여름전투를 떠올리는 추석 날의 단상입니다. 일본 통일을 앞둔 도쿠가와 이에야스는 1614년 마지막 걸림돌인 히데요리의 오사카 성을 공격합니다.
압도적인 군사력에도 불구하고 공략에 실패하자 위장평화공세로 정전 협정을 맺고 바로 성 주위의 해자를 메우기 시작했습니다.
그 해자를 다 메우자마자 도쿠카와는 다시 공격을 시작하여 히데요리를 비롯한 10만 명을 학살하고 일본 재통일을 이룹니다.
베트남 통일 과정도 1973년 레둑토의 위장평화 공세에 속은 헨리 키신저의 파리 정전 협정에서 시작됩니다. 정전협정 후 미군 철수가 시작되었고 2년 만에 월맹은 자유 월남을 침공하여 수백만을 학살하고 사회주의 베트남으로 통일을 이루었습니다.
헨리 키신저는 1938년 영국 수상 체임벌린의 바보 같은 외교 실패와 유사한 어리석음을 범하고도 레둑토도 거절한 노벨 평화상을 받았고, 지금도 트럼프의 외교 고문으로 활동하고 있습니다.
위장평화 공세에 속는 것은 히데요리, 체임벌린, 헨리 키신저와 같이 일시적으로는 평화를 바라는 국민적 동의를 받을 수 있을지 모르나 그 결과는 참담합니다.
그만큼 지도자의 판단은 나라의 존망을 결정합니다.
남북대화를 반대하는 것이 아니라 이러한 역사적 사실도 알고 남북대화에 임했으면 하는 바램에서 한번 적어 보았습니다.

2018.9.28.(금)

미국의 북핵정책이 오락가락 하는 것은 미국의 세계전략과 국내 11월 중간 선거 때문이라고 보여집니다.
이미 이란 핵협상을 파기하고 아직도 시리아·IS 문제가 혼미한 상황에서 중동 문제가 위급한 판인데 북핵 문제도 급박해진다면 아무리 초강대국 미국이라도 동시에 두 곳의 분쟁을 감당키 어려울 겁니다.
북핵 문제라도 잘되어 간다고 해야 11월 중간 선거를 치룰 수 있기 때문에 트럼프는 애써 미 국민들에게 북핵 문제는 잘되어 가고 있다고 선전하고 있는 것으로 보입니다.
11월 미 중간 선거의 결과가 미국의 향후 북핵 정책을 예측해 볼 수 있는 가늠자라고 봅니다.
11월 중간선거가 패배할 때 트럼프의 선택과 승리했을 때 트럼프의 선택을 눈여겨봐야 합니다.
트럼프가 궁지에 몰렸을 때 선택과 승승장구할 때 선택을 예상하고 우리는 이에 대비해야 합니다.
트럼프는 자신의 명운이 걸린 11월 중간 선거에 올인하고 있습니다. 지금 오락가락 하는 트럼프의 북핵정책은 제대로 된 미국의 북핵정책은 아니라고 봅니다.
트럼프의 북핵정책의 새로운 전기는 11월 미국의 중간선거 후입니다.

2018.9.29.(토)

프라이드를 시작으로 에쿠스까지 지난 30여년을 현대·기아차만 애용했습니다.
이제 현대·기아차를 졸업하고 르노·삼성 부산 공장에서 생산되는 QM6를 타기로 했습니다.
2000cc SUV 이기 때문에 연비도 좋고 뒷좌석도 안락합니다.
다만 카니발처럼 고속도로 전용차선을 이용할 수가 없어 불편하긴 하지만 젊은 취향대로 세단보다 SUV로 선택했습니다.

2018.10.1.(월)

오늘 새벽 메이저리그 서부 지역에서 다저스와 로키스가 극적인 동률을 기록했습니다.
162게임을 하고도 순위를 가리지 못한 이번 서부지역 우승자는 내일 단판 승부로 가려지게 됩니다.
우리가 이렇게 관심을 갖는 것은 두 팀에 우리 한국 선수들이 뛰고 있기 때문입니다.
아무래도 드문드문 출전하는 홀드 전문 투수가 뛰는 팀보다는 에이스로 발돋움하는 선수가 뛰는 팀을 응원할 수밖에 없지요.
류현진 화이팅!
다저스 화이팅!
국군이 사라진 국군의 날 아침 단상입니다.

2018.10.4.(목)

남과 북에서 합작하여 핍박하니
마치 최인훈의 소설 〈광장〉에 나오는
주인공이 된 기분입니다.

2018.10.4.(목)

2011년 11월 한미 FTA 통과 시에 민주노총을 중심으로 한 금속 노조는 이를 극렬히 반대했습니다.
가장 최대의 수혜계층이던 현대·기아차 노조도 반대한 것으로 기억합니다.
민주당과 문재인 대통령은 나를 이완용에 비유하면서 을사 늑약이라고 극렬히 반대했습니다.
그런데 트럼프는 한국에 일방적으로 유리한 협상이라고 폐기까지 검토한다고 했습니다.
민주당이나 문재인 대통령은 자신들이 집권하면 재협상한다고도 했습니다.
그런데 지금 트럼프에 의해 한국에 일방적으로 불리하게 재협상 당하고 있습니다.
이들이 국익을 우선으로 하는 집단인지 여부는 한미 FTA 처리 방향을 보면 명확해 집니다.
우리 한번 지켜봅시다.

2018.10.4.(목)

화왕산은 창녕에 있습니다. 한국에 화산 폭발로 산의 정상에 칼데라 지형이 생긴 산은 네 곳이 있는 것으로 압니다.

그 첫째가 백두산이고 정상에는 칼데라호인 천지연이 있고,

그 둘째가 한라산이고 정상에는 칼데라호인 백록담이 있으며,

그 셋째가 울릉도 나리 분지가 있고 그 옆에는 성인봉이 있지요.

그 넷째가 창녕 화왕산이고 정상에는 칼데라처럼 둥근 호가 파여져 있고 용담이라는 샘에서 지하수가 솟고 있습니다.

태백산맥 줄기가 아닌 화산 폭발로 들판에서 불쑥 솟아 오른 동부 경남의 명산이고 정상의 억새풀은 요즘 장관입니다.

정상에서 본 정상 바로 아래 칼데라 지형의 억세 평원이고 그 아래가 정상에서 솟는 용담입니다.

이 용담은 창녕 조씨의 시조가 잉태된 창녕 조씨의 성지입니다.

화왕산 정상 부근에서 동쪽으로 보면 금강산 만물상 못지않은 암벽들이 보이고 봄이면 진달래가 핏빛을 이루고 가을이면 억새풀이 장관입니다.

2018.10.5.(금)

국사범도 아닌 전직 대통령 가족 회사의 소유권을 두고 자금 추적이나 물증도 없이 관련자들을 회유한 진술 증거만으로 중형을 선고한 정치 재판을 보고 결과는 뻔할 것이라는 예상은 했지만 이 나라의 사법적 정의는 이제 실종이 되었다는 느낌을 지울 수가 없습니다.
이런 정치보복의 악순환이 언제까지 계속될지 참으로 우울한 태풍 전야입니다.
승자의 횡포만 횡행하는 무서운 세상이 되었습니다.

2018.10.10.(수)

나는 우리가 처한 북핵 문제를 미·중의 패권전쟁 측면에서 늘 보아 왔습니다.

작년 10월 북핵대책 방미단을 만들어 워싱턴을 방문했을 때 워싱턴 포스트 주필과 장시간 인터뷰 할 당시에도 그런 측면에서 북핵문제가 해결될 수 있다고 역설했습니다.

1648년 30년 전쟁의 결과로 평화체제인 베스트팔렌 조약 이후 근대에 이르러 유럽 패권을 두고 나폴레옹이 전쟁을 일으킨 이래 독일이 두 번에 걸쳐 1.2차 세계 대전을 통하여 유럽 패권 전쟁을 일으켰으나 전후에 패권은 오히려 미·소 양대 산맥으로 넘어 갔고, 냉전체제 하에서는 강대국들의 핵무장으로 이젠 패권 전쟁은 전쟁으로 해결하기가 불가능하게 되자 미국은 1972년 닉슨의 핑퐁 외교로 중국을 소련으로 분리함으로써 미국판 이이제이 정책으로 미·소 군비 경쟁을 통하여 레이건에 이르러 소련을 해체시키고 양극체제에서 단극체제로 갔습니다.

이 와중에서 소련에 대항하는 나토의 대서양 공동체는 그 의미가 퇴색되었음에도 잠재적인 적국인 러시아 때문에 여전히 운영되고 있고, 이젠 대국굴기로 미국의 세계 패권에 도전하는 중국만 남아 있습니다.

미·중의 세계 패권 전쟁은 무역전쟁과 북핵문제의 양대축으로 현재 진행 중에 있는데, 북핵 문제에 대한 우리의 선택이 미국의 초미의 관심사입니다.

미국은 북핵 문제를 한·미·일 자유주의 동맹과 유엔제재로 풀어 나가려고 했으나 문 정권은 오히려 북·중·러 사회주의 동맹에 가담함으로써 반미로 돌아섰기 때문에 트럼프는 한국의 좌파 정권을 믿을 수가 없게 되었습니다.
오늘 아침 조선일보 칼럼에서 한 외교 전문가가 마치 트럼프가 북을 핵보유국으로 만드는 것처럼 했지만 사실상 이를 주도하는 이는 문재인 정권입니다.
나는 줄곧 한·미·일 자유주의 동맹을 바탕으로 한 무장 평화를 주장했지만 문 정권은 평화라는 허울좋은 명분으로 영토 양보, 선 무장해제, 대북지원, 북핵 인정을 하고 국가 보안법 폐지, 지방분권화로 한국 내 연방제 실시한 후 남북 연방제 통일을 한다고 국민들에게 환상을 심어 주려고 하고 있습니다.
지난 일년 동안 경제 파탄을 경고하고 안보 파탄을 경고했지만 나의 예측과 주장은 남북의 합작으로 막말로 폄훼 되었고, 저들이 장악한 언론에 의해 늘 왜곡되어 왔습니다.
한국의 모든 국내정치의 가장 큰 변수는 국제 관계의 변화입니다. 이는 구한말 이후 한일합방, 6.25동란, 남북 관계의 변화 등 그 모든 사건들이 국제 정치에 연동이 되어 있었고 그것이 늘 한반도의 운명을 좌우했다는 것을 우리는 잊어서는 안 될 것입니다.
지금 세계는 모두 하나의 끈으로 연결되어 있는 하나된 지구입니다.

2018.10.10.(수)

비극의 출발은 박근혜 정권 때 중국의 전승절 기념식 참석이 그 출발입니다.
미·중 패권 전쟁의 본질을 보지 못하고 중국에 한발 다가가서 중국으로 하여금 북핵을 해결해 주기를 기대하다가 중국이 미·중 패권 전쟁에서 혈맹지간인 북을 견제할 생각이 없다는 것을 뒤늦게 알고 급히 사드 배치를 강행하다가 중국도 잃고 미국도 잃는 외교적 고립을 자초했습니다.
그리고 친북 좌파정권이 탄생했습니다.
이제부터라도 대서양 공동체로 상징되는 나토에 버금가는 태평양 공동체를 창설해 북·중·러 사회주의 동맹을 견제해야 합니다.
그 길만이 미·중 패권 전쟁에서 한반도가 자유 대한민국으로 살아남는 유일한 길입니다.

2018.10.10.(수)

자유 월남이 패망하고 공산 월맹으로 무력 통일이 된 것을 보고 희열을 느꼈다는 사람들은 지금의 베트남 사회주의 공화국이 번영하고 잘되고 있지 않느냐 라고 반문합니다.
그러나 베트남이 공산 정권으로 무력 통일이 되고 난 뒤에 수백만이 학살당하고 보트피플이 넘쳐나고 사이공의 중산층과 자유 월남 국민들이 북쪽 월맹 빈촌으로 강제 이주되어 하층민으로 전락한 참상은 아무도 기억하지 못하고 있습니다.
일국 2체제 연방제 통일은 북예멘·남예멘의 예멘 사태에서 보듯이 불가능한 통일입니다.
통일은 연방제 통일이 아닌 동·서독 통일과 같이 자유 민주주의 통일이 되어야만 자손대대로 번영된 나라가 됩니다.
감상적 민족주의에 기대는 남북 연방제 통일은 환상에 불과합니다.

2018.10.12.(금)

그 남자의 노래.

들어 보았는가 / 쉰 목소리로 목메이게 외치며
박수 갈채도 바라지 않는 / 그 남자의 노래를

비탈진 언덕에서 / 문내린 시장바닥과
다들 돌아서는 빈 광장에서 / 그 남자는 노래한다

양심의 기만을 찌르며 / 위선의 안개속을 헤치고
비겁의 장벽을 넘어 절규하는 / 그 남자의 노래는 울려 퍼진다

안 보이다가 숨어 있다가 몰려온다
춤추며 환호하며 같이 부른다
눈물로 부르는 그 남자의 노래는
마침내 우리의 노래가 된다.

시인 정봉렬님 시집
〈반연 식물〉에서 가져왔습니다.

2018.10.14.(일)

나는 지난 대선 때부터 좌파 정권이 들어오면 경제가 어려워 질 것이라고 주장하였고 강성 노조와 연대하기 때문에 기업이 위축되어 해외 탈출과 고용 축소로 실업 대란이 일어날 것이라고 주장해 왔습니다.
실제로 문 정권 들어 온지 1년반 만에 세계에서 모두 실패한 소득주도 성장론으로 자영업이 폭망했고, 공공 일자리만 늘리는 정책으로 세금 나누어 먹는 그리스로 가고 있으며, 좌파 경제 정책 추진으로 기업들은 고용을 축소하고 해외로 해외로 나가고 있습니다.
생산적 복지가 아닌 무작정 퍼주기 복지로 나라는 베네수엘라로 가고 있는데도 각종 증세로 국민들의 주머니를 털어 대북 퍼주기와 무상복지에만 지금 올인하고 있습니다.
그로 인해 사상 최악의 일자리 대란과 경제 대란이 오고 있지만 아직도 문 정권은 정신을 못 차리고 최근에는 단기 임시직 공공 일자리 대책에만 골몰하고 있습니다.
곧 미국의 금리 인상으로 우리도 해외자본을 잡아 두기 위해 금리를 인상하지 않을 수가 없을 겁니다.
그러면 천조가 넘는 가계부채를 부담하고 있는 서민들은 가계 파산을 우려하지 않을 수가 없습니다.

나라가 이 지경인데도 북의 위장평화 정책에만 놀아나는 문 정권은 우리 국민을 남북문제로만 모든 것을 덮을 수 있다고 착각하고 있습니다.
최근에는 문대통령께서 지난 대선 때 내가 말한 일자리는 기업이 만든다고 말했지만, 실제 경제 정책은 전혀 바뀌지 않고 있습니다. 이 정권의 경제 정책 입안자들이 얼치기 좌파들이기 때문입니다. 지금이라도 늦지 않습니다.
이 정권의 좌파 경제 정책 추진자들을 모두 경질하십시오.
6.25 전쟁의 폐허에서 대한민국을 이렇게 만든 주역은 사회적 갈등을 부추겨 현상을 뒤엎는 일만 일삼아 온 좌파들이 아니라 대다수 자유주의 국민들이었음을 아셔야 합니다.

2018.10.14.(일)

대구 앞산 공원 전망대입니다.
대구에서 초·중·고등학교를 나왔어도 앞산 공원에 한 번도 가본 적이 없어서 오늘 영남학교 총동창회 체육대회에 참석한 것을 기회로 대구 시내가 내려다보이는 앞산에 케이블카 타고 올라 왔습니다.

f 2018.10.14.(일)

지난 대선 때부터 서민부담 완화를 위해
유류세 인하 추진을 했고 당 대표 할 때도
윤한홍 의원에게 법안 제출까지 시켰는데
정부·여당은 미동도 하지 않았습니다.
당소속 의원들까지 미적 거리면서 미온적이더니
이제 와서 김동연 부총리가 뒤늦게 깨닫고
유류세를 인하한다고 합니다.
유류세 뿐만 아니라 법인세, 부동산세, 담배세도
모두 인하해서 서민 부담 완화와 경제 활성화를
해야 합니다.
세계가 모두 감세 경쟁으로 가는데 퍼주기
복지 재원과 대북 퍼주기 재원 마련을 위해
증세로 가는 나라는 문 정권 밖에 없습니다.
참 딱하기 이를데 없는 정권입니다.

2018.10.16.(화)

최근 당내 일부에서 나를 두고 시비를 거는 것을 보고 여태 침묵하였으나 더 이상 침묵 하는 것은 당을 위해서나 나 자신의 명예를 위해서 도움이 되지 않는다고 판단이 되어 한 말씀 드리고자 합니다.

나는 친박·비박으로 당이 붕괴되어 대통령이 탄핵되고 구속된 후 4% 밖에 되지 않던 정당을 맡아 대선에서 단기간에 24% 정당으로 만들었고, 대선 패배 후 1년간 도미 유학을 하기로 하였으나 당원들의 요구로 23일 만에 귀국하여 책임당원 74%의 압도적 지지로 당을 맡아 혁신, 우혁신하여 지방선거를 치렀습니다.

그러나 트럼프까지 가담한 남북 평화무드에 지방선거에서 참패하고 약속대로 당 대표 임기를 1년 남기고 선거 패배에 대한 책임을 지고 사퇴를 했습니다.

그러나 지난 지방 선거에서 우리당 지지율은 28%로 더 상승을 했습니다.

광역단체장 선거에서 지면 공천 책임을 진 내가 사퇴하고 기초단체장과 기초·광역의원 선거에서 지면 해당 공천을 책임진 국회의원과 당협위원장들이 책임지기로 약속했으나, 선거 후 해당 당협위원장들이나 국회의원들이 단 한명도 책임진다는 말을 한 사람이 없는 것으로 나는 기억합니다.

2011년 12월 당대표 할 때에도 우리당이나 나 자신에게는 아무런 책임이 없던 디도스 파동 때 나는 정치적 책임을 지고 당 대표를 사퇴한 일이 있습니다.

정치적 책임은 행위 책임인 사법적 책임과는 달리 결과 책임이기 때문에 그때도 책임을 지고 사퇴를 했습니다.

나는 언제나 책임 정치를 해온 사람입니다.

선거는 이길 수도 있고 질 수도 있습니다.

YS나 DJ가 선거에 졌다고 모든 것이 끝이 났습니까?

대선·지선 등 두번의 선거를 하는 동안 나는 이 당의 힘만으로는 다시 집권을 하기는 어렵겠다고 판단을 했습니다.

아직도 정신 못차리고 여전히 친박·비박의 갈등이 남아 있고 정책 역량이 현저히 떨어진다고 보았기 때문입니다.

내가 해야 할 일 중 가장 시급한 일은 보수·우파 진영이 재집권할 수 있는 기반을 새롭게 닦는 일입니다.

웅덩이 속의 올챙이처럼 오글거리며 당 안에서 서로가 엉켜서 서로를 할퀴는 어리석은 행동은 당을 더 어렵게만 할 뿐입니다.

지금은 보수·우파 진영 모두가 힘을 합쳐 나라 체제 변경을 시도하는 문재인 정권에 대항할 때입니다.

2018.10.17.(수)

동지의식은 간데없고 계파의식만 있는
당은 미래가 없습니다.
서민경제는 파탄지경인데 대북제재 완화를 위해
유럽 순방이나 하는 정권을 그냥 두고 야당 역할
한다고 할 수 있습니까?
국정감사 중입니다.
당력을 모아 문 정권에 대항하십시오.
내 자리 차지는 그 다음 일입니다.

2018.10.17.(수)

나는 23년 정치하면서 계파에 속하거나 계파를 만들어 본 일이 없습니다.
국회의원은 헌법상 독립기관으로서 국민 대표기관이지 어느 계파의 대리인이 되어서는 안 된다는 소신 때문입니다.
소위 언론에서 만들어낸 친홍계 라는 것은 내가 당대표를 할 때 같이 일하던 당직자들일 뿐입니다.
2011년 7월 전당대회 때는 친이·친박이 무리지어 총동원 체제로 당권 장악에 나섰지만 결론은 무계파였던 내가 압승을 했습니다.
2012년 11월 경남지사 보궐선거 당내 경선 때는 친박들이 총동원 체제를 갖추어 나를 저지했어도 내가 이겼고, 2014년 4월 경남지사 당내 경선 때는 청와대까지 나서고 경남 국회의원들이 거의 대부분 친박 진영에서 활동했어도 내가 이겼습니다.
그러나 국회의원들이 무리를 지어 파당 정치를 한 결과 대통령이 탄핵되고 구속되고 정권을 좌파들에게 넘겨 주었습니다.
20대 새누리당 출신 국회의원들은 당시 의원이 아니었지만 나를 포함해 모두 역사의 죄인들입니다.
이제부터라도 일신의 안위 보다는 선당 후사하는 자세를 가져야 합니다. 오죽하면 당원도 아닌 분들이 당에 들어와 혁신을 주장하는 상황이 되었다면 이미 그 당은 자정 기능을 상실한 것입니다.
내 자리 보전보다 이제는 모두가 하나 되어 문 정권에 대항할 때입니다.

2018.10.18.(목)

북한을 가족주의적 나라라고 어느 민주당 중진의원이 칭찬했다고 합니다.
가족을 고사포총으로 쏴서 시체도 없이 분해하고 국제공항에서 세계가 보는 와중에 가족을 독살하고 수십만을 정치범 수용소에서 가두어 인간 이하 노예 생활을 하게 하는 나라가 가족주의적 나라입니까?
이런 생각을 가진 분들이 지금 나라를 운영하고 있습니다.
비정상적인 나라가 되어가고 있습니다.

2018.10.18.(목)

해방 이후 대북정책의 흐름을 보면 이승만-박정희-노태우로 이어지는 현실주의 노선과 김대중-노무현-문재인으로 이어지는 낭만적 민족주의 노선이 있습니다.

낭만적 민족주의 노선은 국제정치의 흐름을 무시하고 민족이라는 혈연 공동체에 호소하면서 우리 민족끼리라는 북한의 전략에 부응하는 그런 노선이지요.

이러한 낭만적 민족주의 노선은 19세기 유럽의 약소국이었던 독일이 게르만 민족의 통합이라는 명제로 출발한 것입니다.

그런데 야릇하게도 낭만적 민족주의 노선은 국민들의 감성에 호소하면서 평화를 내세우기 때문에 국민들에게 환상을 심어주면서 일시적으로 호응을 받을 수밖에 없습니다.

낭만적 민족주의와는 다르지만 평화를 내세우면서 국민들을 기만한 대표적인 사례가 있었습니다.

1938년 9월 영국수상 채임벌린이 뮌헨 회담 후 귀국하면서 공항에 운집한 런던 시민들에게 조약서를 흔들면서 여기에 평화가 있다고 했을 때 영국 국민 80프로는 환호를 했습니다.

그러나 몇 달 후 히틀러는 세계 2차대전을 일으켰고 체임벌린은 세계 외교 사상 최악의 선택을 한 지도자로 비난을 받으면서 암으로 사망했습니다. 지난 지방선거 당시 남북 정상회담에 대한 국민들의 반응을 보면서 나는 1938.9. 체임벌린을 맞는 런던 공항의 시민들을 떠올렸습니다.

그러나 국제정치의 흐름을 무시하는 이 노선은 19세기 조선시대 대원군의 쇄국정책과 유사한 시대착오적인 정책으로 결국 전체주의로 가게 됩니다.

냉전시대에 소련에 대항하기 위해 서유럽 12개국으로 출발한 나토가 소련이 붕괴된 냉전 이후에는 동구권도 참여 하는 29개국 공동 방위체제로 발전한 것도 이제 세계는 자유민주주의, 시장경제를 바탕으로 하는 공동 방위체제로 전환하였다는 것을 단적으로 보여주는 사례라고 할 수 있습니다.

이런 관점에서 보면 좌파들이 말하는 전시 작전권 환수도 낭만적 민족주의의 소산입니다.

세계에서 단독으로 나라를 지킬 능력이 있는 나라는 미국·영국·러시아·중국·프랑스 정도에 불과합니다.

한미 동맹을 미 제국주의에 복속하는 것으로 매도하고 한일 협력을 친일이라고 매도하는 것도 모두 북한의 주장에 호응하는 좌파들의 낭만적 민족주의의 소산입니다.

걱정은 11.6.미국 중간선거 이후 럭비공 같은 트럼프의 선택입니다. 그때는 중간선거를 의식한 미.북 평화 쇼도 통하지 않을 테고 과연 북핵 폐기를 위해 어떤 선택을 트럼프가 하고 우리나라에는 어떤 영향을 미칠지 참으로 걱정스런 요즘입니다.

2018.10.18.(목)

오늘은 이천에 있는
부악문원 이문열 선생님 자택에 왔습니다.
5시간 동안 나라 걱정하다가
서울로 갑니다.

f 2018.10.19.(금)

고용세습으로 자기들만의 천국을 만들어가는 강성 노조가 대한민국 경제를 망칠 것이라고 경남지사 할 때인 6년 전부터 나는 주장해 왔고 지난 대선 때도 그랬습니다.
내가 경남지사를 할 때 진주의료원을 폐업한 이유도 거기에 있었습니다. "너희들이 마음대로 파업할 자유가 있다면 나에게는 직장폐쇄와 폐업을 할 자유가 있다."
그래서 정치하는 기간 내내 모두가 겁을 내어 다루지 못하는 강성 노조 문제를 대한민국의 미래를 위해 쟁투해 왔던 것입니다.
나는 노조를 부정하는 것이 아니라 노조의 부당하고 부정한 행동을 바로 잡자고 하는 것입니다.
최근 뒤늦게 강성 노조의 고용세습 문제가 부각 되는 것을 보고 문제는 거기에만 있는 것이 아니라 더 많은 문제들이 있다는 것을 알아야 합니다. 이를 바로 잡지 못하면 기업은 투자와 고용을 회피하고 해외로 해외로 탈출할 것이고, 고용절벽으로 실업대란이 진행되어 경제는 활력을 잃고 나락으로 빠지고 있습니다.
그러나 이 정권은 강성노조와 연대한 정권이기 때문에 이를 해결할 생각도 능력도 없습니다.
가장 심각한 분야가 완성차 업계입니다.
미국의 가장 부유한 도시 중 하나였던 세계 자동차 공업의 중심지 디트로이트가 도시가 공동화되고 파산을 한 일이 먼 나라 일만이 아니라는 것을 알 때는 이미 늦었을 겁니다.

2018.10.19.(금)

나는 상대방들이 합작하여 만드는 프레임에 흔들리거나 대꾸하지 않습니다. 생각없이 함부로 말한다는 막말 프레임도 반대세력이나 우리당의 극히 소수인 핵심 친박들이 나를 근거없이 매도하기 위해 만든 프레임이기 때문에 나는 일일이 대꾸하지 않습니다.

맞는 말을 하니 충격이 커서 할 말이 없으니 막말이라고 공격하는 것이지요.

내가 한 말 중 막말이라고 공격 받은 시초는 노무현의 자살이지요.

서거라고 하지 않고 자살이라고 하니 막말이라는 거지요.

그 다음이 '개가 짖어도 기차는 간다'인데 그 말은 1993년 3월 YS가 개혁에 저항하는 수구세력들을 제압할 때 처음 사용한 말로써 2012.12. 대선 때 문재인 후보도 당시 김무성 선대본부장의 비판에 그 말을 했지요.

문재인 후보가 하면 좋은 말이고 내가 하면 막말이라는 그런 억지도 통하는 세상입니다.

그 뒤에 경상도에서는 친근감의 표시로 흔히들 장인 어른이 없을 때 장인 어른을 영감쟁이라고도 하는데 그것을 두고 대선 때는 패륜이라고도 했지요.

또 선거운동 독려를 위해 선거지면 한강에 빠져 죽자고 한 것도 막말이라고 했는데 그러면 생즉사 사즉생을 외친 이순신 장군도 막말이라고 해야겠네요.

지난 당대표 시절에는 바퀴벌레, 암덩어리, 연탄가스라고 일부 핵심 친박들을 질타한 것을 또 막말이라고 했습니다.
박근혜 탄핵 때는 겁이나 숨어 있다가 조금 조용해지니 나와서 설치는 것은 바퀴벌레 같은 행동이 아니고 무엇입니까?
연탄가스는 박지원 비서실장이 DJ 때 한나라당 박모의원을 두고 한 말인데 그때는 박지원 비서실장을 언론이 언어의 마술사라고까지 극찬한 것으로 기억합니다.
가장 최근에는 노회찬 의원 자살을 미화하지 말라고 한 것도 막말이라고 어처구니없이 나를 비난했습니다.
정치는 프레임 전쟁입니다.
나는 내가 만든 프레임으로 정치를 하지 상대방이 만든 프레임에 갇혀 허우적대지는 않습니다.
성인 군자도 정치를 하면 모함과 질시를 받습니다.
그러나 거기에 함몰되면 정작 내가 해야 할 일이 위축되기 때문에 나는 그런 일에 괘념하지 않습니다.
그야말로 '개가 짖어도 기차는 간다.' 입니다.

2018.10.20.(토)

강원랜드 직원 채용사건에서는 우리당 의원 권성동.염동렬을 잡기 위해 대통령까지 나섰고 검찰은 특별수사반까지 구성해서 두 사람에 대해 체포 영장을 청구하고 국회에서 부결되자 억지 기소까지 했습니다.
원래 폐광지원 특별법에 의해 강원도민들을 우선 채용해도 된다는 것이 강원랜드의 설립취지였고 국회의원이 지역민들의 민원을 받아들여 지역인재들 채용을 부탁하는 것은 국회의원 지역구 활동의 주요 업무라는 것은 공공연하게 용인되는 것이었습니다.
그런데 이번에 서울교통 공사 채용비리에서 문 정권과 검찰이 어떤 조치를 취하는지 한번 보겠습니다.
정권과 연대하는 민주노총을 배반하고 앞서 본 두 의원처럼 박원순 서울시장을 체포할 수 있는지 우리 한번 눈여겨봅니다.
과정의 공정성이 지켜지는지 두 눈 부릅뜨고 감시합시다.
민주노총이 지배하는 공공노조가 어디 서울 교통공사 한 곳 뿐입니까? 내가 경남지사를 할 때 채용비리가 있는지 아직도 뒤지고 있다고 합니다.
상대방이 한 것은 모두 적폐이고 자신들이 하는 것은 모두 정의롭다는 문 정권의 후안무치를 그대로 방치하는 야당은 야당으로써 존재가치가 없고 국민들로 부터 버림을 받을 겁니다.
야당의원 여러분!
이번 국정감사에서 모두 하나가 되어 분발하십시오!

2018.10.20.(토)

좌파들의 상징조작, 이미지 조작은 가히 상상을 초월합니다.
2008.4. 이명박 정권 초기 광우병 사태 때 좌파들은 미국산 쇠고기를 광우병 덩어리라고 하면서 반미 운동을 광우병으로 상징 조작을 하여 대한민국을 혼란에 빠트렸고, MB를 쥐박이라고 조롱하면서 정권 내내 이미지 조작을 하였습니다.
2016.10. 박근혜 정권 때는 박근혜를 머리가 텅빈 닭근혜라고 상징 조작을 하면서 세월호 7시간 동안 불륜을 저질렀네 하는등 온갖 추잡한 상상력을 동원하여 박근혜를 몹쓸 여자로 만들어 탄핵하고 구속했습니다.
2017.4. 지난 대선 때는 2005.1. 내가 쓴 〈나 돌아가고 싶다〉라는 참회록 속에 나오는 유년시절 부터 그때까지 내가 잘못한 60여가지 중 대학교 1학년 18살 때 하숙집에서 있었던 돼지 흥분제 이야기를 마치 내가 성범죄를 저지른 것인 양 몰아세웠고 심지어 강간미수범이라고까지 덮어씌우고 그것은 지금까지 계속되고 있습니다.
46년 전에 있었던 그 돼지 흥분제 사건은 같이 하숙하던 타대생들이 자기 친구를 도와주기 위하여 한 사건인데 내가 그걸 듣고도 말리지 못해 잘못했다고 참회한 것을 마치 내가 직접한 것인 양 이미지 조작을 하여 걸핏하면 돼지 발정제 운운하며 나를 몰아세우고 있습니다.
이미 그 사건은 2005.1.그 책에 나왔던 내용에 대해 당시 출입

기자들에게 설명하여 이해가 되었고 그 책 출간 당시에는 수만 부가 팔렸어도 아무런 문제가 되지 않았을 뿐만 아니라 이미 검증이 끝난 문제였는데 그걸 대선 막바지에 들고 나와 거짓으로 나를 성범죄자로 몰았습니다.

만약 내가 그 성범죄를 저질렀다면 상식적으로 보아도 그 내용을 내가 그 책에 쓸 리가 있었겠습니까?

지난 대선 막판에 내가 급속히 치고 올라가니까 막말 프레임과 돼지 발정제로 좌파 진영과 드루킹 등 여론 조작팀이 나를 몹쓸 사람으로 만들었지요.

더구나 당내 일부 인사들까지 그 이후 보수의 품위 운운하면서 이에 동조하는 것을 보고 나는 경악을 금치 못했습니다.

나는 조폭들에게 약점을 잡히지 않기 위해 여자가 접대하는 술집에는 지금까지 27년간 가지 않습니다. 부득이하게 두세 번 갔을 때도 30분을 넘기지 않고 바로 그 술집을 나온 것으로 기억합니다. 내 차에는 집사람 외 그 누구라도 여성은 태우지 않았습니다.

거짓으로 정치를 하면 종국에 가서는 거짓이 탄로나 스스로 몰락하게 됩니다.

지금 좌파들은 위선과 거짓으로 나라를 끌고 가고 있지만 오래 가지는 않을 것으로 나는 봅니다.

사필귀정이라는 옛말이 헛된 말이 아니라는 것을 뼈저리게 느낄 때가 반드시 올 겁니다.

2018.10.20.(토)

내가 2005.1. 〈나 돌아가고 싶다〉라는 내 수필집에 돼지 흥분제 사건을 쓰면서 가담한 것을 참회한다고 쓴 것은 사전에 공모했다는 뜻이 아니라 듣고도 말리지 않았고 그렇다면 그것은 소극적인 방조가 된다고 보았기 때문입니다.

법률적으로는 말릴 의무가 없어 죄가 되지 않지만 도덕적으로는 문제가 되지요.

그래서 내 참회록에 넣은 겁니다.

2018.10.21.(일)

자기들은 사회적으로 책임이 있는 자리에서 한참 어른이 되어 무상불륜 하고 형수에게 입에 담지도 못할 쌍욕을 해도 문제가 안 되고, 자기 비서 신세 망쳐 놓고도 무죄를 받는 좌파 광풍 시대입니다. 어찌 그 뿐이겠습니까?

베트남 매춘 혐의도 유야무야 시킬 수 있었고, 악령의 주인공은 가장 최근에 미투 운동으로 드러났으며, 마약사범이 혼외자를 낳아도 추앙 받을 수 있는 탁월한 능력들을 가지고 있지요.

이러한 그들의 위선, 가식이 국민들에게 별다른 저항없이 통용될 수 있는 것은 우리는 점잖아서 이미지 조작, 상징 조작을 하지 못하기 때문이지요.

위선과 가식으로 국민들을 일시적으로 속일 수는 있어도 영원히 속이지는 못합니다.

저승 가면 자기의 죄를 비추어 주는 거울이 있다고 합니다.

염라대왕 앞에서도 위선과 가식이 통할까요?

2018.10.21.(일)

왜 보수·우파 진영에는 보스톤 레드삭스의 무키베츠처럼 공·수에 능한 선수가 없을까요?
그랜달처럼 이적행위나 하고 타율 1할도 안되면서 타석에만 서면 병살타나 치는 선수가 메이저 리거라고 폼만 잡는 3류 선수들만 즐비할까요?
전사는 못되더라도 용사는 되어야 하는데 가진 것이 많고 지은 죄가 많아서인지 머뭇거리고 뒷걸음 치고 내부 총질에만 전념하면서 마치 그것이 개혁인양 행세하는 보수·우파 인사들을 보노라면 나는 측은하기조차 합니다.
그래서 지금의 좌파 광풍시대를 초래한 겁니다.
그래서 두 대통령을 감옥에 보내고도 아직도 정신을 못 차리고 있는 겁니다.
자신이 보수·우파라고 생각되면 이제라도 정신 차려야 합니다.
이제부터라도 좌파들의 투쟁 방식을 배워야 합니다.
폐족이었던 그들이 어떻게 살아나서 집권을 했는지 철저하게 연구하고 벤치마킹해야 합니다.

2018.10.21.(일)

‘정문일침’이라는 말이 있습니다.

중국 주나라 왕이 공자의 바른 말을 듣고 정수리에 침을 맞은 것처럼 식은땀이 나고 등골이 서늘했다는 데서 유래한 말입니다.

그런데 우리나라 언론에서는 이 말을 독설로 자주 표현합니다.

독설은 남을 사납게 비방하여 해치는 아주 나쁜 말을 의미합니다.

쯔쯔쯔. 정문일침과 독설도 구분 못하는 사람들이 이 나라 일부 기자들입니다.

기자들은 글로 먹고 사는 사람들입니다.

참 한심합니다. 독설과 정문일침의 뜻을 알았으면 앞으로는 잘 구분해서 쓰시기 바랍니다.

2018.10.21.(일)

조선시대 바보 같은 왕을 만나 민족사의 치욕을 남긴 장소인, 남한산성 수어장대입니다.

2018.10.22.(월)

정당은 이념과 정책으로 승부를 해야 합니다.
그러나 좌파들은 MB 이래 박근혜, 홍준표로 이어질 때 늘 이념과 정책으로 대결한 것이 아니라 좌파 인터넷 찌질이 들을 동원하여 상징조작, 이미지 조작으로 우파정당의 리더들을 희화화 하여 당의 지지율을 떨어트리는 야비한 수법을 사용해 왔습니다.
더 한심한 것은 당내 극히 일부 중진들까지 그에 편승하여 부화뇌동했다는 것입니다.
그 일례로 한참 막말 프레임이 작동할 때 당내에서 보수의 품위 운운 하면서 나를 공격한 일이 있었습니다.
참으로 어처구니없는 일들이 있었습니다.
그러면 보수의 품위는 어떤 것입니까?
보수의 품위를 말해보면 우선 보수는 당당해야 합니다.
자신을 비롯해서 보수 집단은 깨끗함으로써 당당할 수 있습니다.
둘째 보수의 품위는 뚜렷한 자기 소신이 있어야 합니다.
소신없이 바람 앞에 수양버들이 되는 것은 이곳저곳 기웃거리는 기회주의자에 불과하지 품위 있는 보수가 아닙니다.

그것은 박근혜 탄핵 시에 침묵하거나 오락가락 하던 그들의 처신을 보면 잘 나타납니다.
셋째 보수는 끝없이 노력하고 공부해서 국민들을 부자 되게 하고 행복하게 할 수 있는 실력과 능력을 갖추어야 합니다.
거울보고 이미지나 가꾸는 보수는 속 빈 껍데기 보수에 불과 하다는 것을 알아야 합니다.
마지막으로 보수는 병역, 납세 등 국민 앞에 부끄러움이 없는 도덕적 정당성을 갖추어야 합니다
이회창 총재시절 근거 없는 두 아들 병역문제로 잃어버린 10년 세월을 보낸 것을 우리는 절대 잊어서는 안 됩니다.
품위 있는 보수가 되기 위해 노력하는 것도 중요하지만 그보다 더 중요한 것은 좌파들의 선전·선동에 넘어가지 않고 보수·우파 진영의 진정한 가치를 국민들 앞에 당당히 펼칠 수 있는 것이 더 중요한 과제입니다.

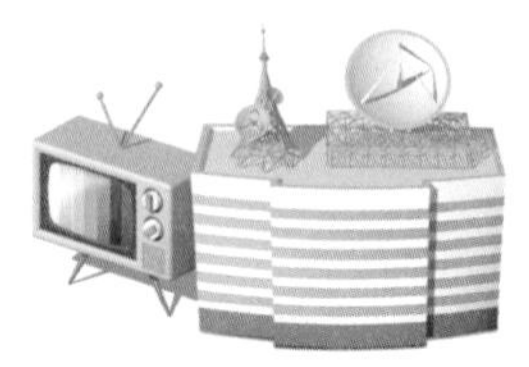

2018.10.22.(월)

오늘 프리덤코리아와 TV홍카콜라 도메인 등록을 했습니다.
우리가 추진하는 프리덤코리아는 사분오열 되고 흔들리는 이 나라 보수·우파들의 중심축이 되고자 하는 것이지 일부에서 추측하는 자유한국당 전당대회나 겨냥하는 작은 목표가 아니라는 점을 분명하게 밝힙니다.
앞으로 프리덤코리아는 미국 헤리티지재단처럼 한국 보수·우파의 싱크탱크이자 이 땅의 자유민주주의와 시장경제를 지키는 첨병이 될 것입니다.
전국에 흩어져 있는 뜻있는 정책 전문가들을 모시고 네이션 리빌딩 대장정을 시작할 것입니다. 아울러 TV홍카콜라는 기울어진 언론 운동장에 기대지 않고 국민들에게 직접 호소하는 방식으로 추진할 것입니다.
제대로 된 네이션 리빌딩 국민운동을 할 것입니다.

2018.10.23.(화)

언론의 기능은 팩트를 보도하여 국민의 올바른 판단을 유도하는 것입니다.
그런데 박근혜 대통령 탄핵 때부터 언론은 팩트 보도보다 자신들이 바라는 방향으로 사건이 전개되기를 바라는 이른바 경향성 보도로 바뀌기 시작 했습니다.
좌파 언론을 중심으로 진행 되다가 다른 언론에도 전이 되고 있는 소위 자신들이 바라는 추측을 사실이라고 보도하는 것은 이제 확고하게 자리 잡아 가고 있는 한국 언론의 현주소 입니다.
팩트 해석도 자신들의 바람에 맞추어 해석합니다.
또 그것을 정당화시키기 위해서는 익명의 측근을 동원하기도 합니다. 최근에도 언론은 팩트 보도 보다 경향성 보도라는 태도를 버리지 않고 있고 내가 만든 종편은 종일 편파 방송만 합니다.
그래서 우리는 대 국민 소통 수단으로 유튜브라도 해야 되지 않나 라는 결론에 도달하게 된 것입니다.
우리가 언론을 기울어진 운동장이라고 하는 이유도 바로 여기에 있습니다. 정부·여권 기사는 겁이 나서 함부로 못쓰고 힘없는 야당기사는 아무리 자기들 마음대로 작문을 해도 별 문제가 안 된다고 보니까요.
오늘 아침 어느 신문 보도를 보고 지난 대선 때 문재인-안철수 양자 구도를 만들기 위해 의도적으로 나를 대선 끝날 때까지 군소정당 후보로 취급한 일들이 생각나서 한마디 했습니다.

2018.10.23.(화)

최근 나의 활동을 조급증으로 폄하하는 사람들은
한국 보수·우파들의 절박감을 모릅니다.
조급증과 절박감을 구분 못하는 것은,
그들이 아직 배가 부르기 때문입니다.

2018.10.23.(화)

대선·지선 두 번의 큰 선거를 치르면서 참으로 곤욕을 치렀습니다. 내가 리더십이 부족하여 당을 하나로 만들지 못한 잘못이 있었습니다. 대선 때는 사실상 유세차를 타고 선거운동에 나서는 의원들이 그리 많지 않았고, 대선 비용도 15프로 얻지 못해 보전 못 받을 것을 우려하여 방송광고조차 남들은 44회나 하고 골든타임에 했는데 우리는 11회만 하고 그나마 시간대도 밤늦게 했습니다.
선거비용도 타 후보보다 아마 100억 가량 덜 쓰고, 대선 공약도 내 입으로 발표 한 것과 내 측근을 통해서 발표한 것 외에는 당 차원에서 발표한 것은 거의 전무하다시피 한 것으로 기억합니다.
예를 들면 교육 공약은 언론에 공란으로 나간 적도 있지요.
그것은 나를 지는 대선의 팻감으로 사용하고 대선 이후 당권이나 잡으려고 했던 일부 세력들의 농간 때문이었지요.
그것은 지방 선거 때도 똑 같은 양상으로 나타났습니다.
내가 당권을 잡았는데도 내가 리더십이 부족하여 당을 하나로 만들지 못한 탓에 트럼프까지 가담한 전례없는 위장평화 공세, 국정농단 세력 공세 속에서 어차피 지선도 참패 할 것이고 그러면 약속대로 홍은 물러날테니 그 후에 당권이나 잡자는 사람들의 책동과 반대 진영의 하지도 않은 막말 프레임에 동조하여 같은 당 당수를 선거 유세도 못하게 하는 야당 사상 유례없는 분열 속에 지방 선거를 치렀습니다. 모든 것이 나의 잘못입니다.

그러나 이런 당의 모습만으로는 재집권하기는 연목구어라고 나는 판단했습니다.
당이 한국 보수·우파진영의 구심점이 되어야 하는데 당의 구성원들 상당수는 자신이 다음에 국회의원 한번 더하는 것이 지상목표로 되어 있고, 한국 보수·우파들의 절박감은 관심조차 없습니다.
상대방은 보수궤멸, 50년 집권 운운하는데 우리는 웅덩이 속의 올챙이처럼 뒤엉켜 오글거리는 형국이 되어 있습니다.
그래서 나는 재집권을 위한 한국 보수·우파의 씽크탱크를 만들고자 하는 것입니다.
당과는 별도로 한국 보수·우파들의 절박감을 풀어주고, 보수·우파가 하나로 뭉칠 수 있도록 하는 것이 프리덤코리아의 국민운동입니다.
나는 앞으로 프리덤코리아를 통해 네이션 리빌딩 국민운동을 펼칠 것입니다. 그리하여 대한민국의 오늘을 있게 한 보수·우파의 재집권에 한 알의 밀알이라도 될 것입니다.
그것이 지난 36년 공직생활 동안 대한민국으로부터 내가 받았던 혜택에 보답하는 길이라고 나는 생각합니다.

2018.10.25.(목)

오늘 국민 연금 806,760원을 처음으로 받았습니다.
검사를 하고 국회의원, 도지사를 했으니 거액의 공무원 연금을 받지 않느냐는 국민들의 오해가 있으나 검사재직 기간이 연금 수령할 기간에 이르지 않았고 선출직 공직자는 연금을 받지 않습니다.
문 정권의 국민 연금 관리 행태를 보니 오래가지 못할듯하여 국민 연금을 신청하고 오늘 첫 수령을 했습니다.
국민 연금은 국민의 노후 보장용으로 아무리 건전하게 관리해도 지나치지 않습니다.
허투루 관리하면 전 국민의 노후가 불안해집니다.
취지에 맞게 잘 관리 하십시오.

2018.10.27.(토)

최근 북한은 국가가 아니라는 청와대의 발표는 본질을 피해 가기 위한 어처구니없는 꼼수라고 보여집니다.
1948년 한국을 한반도의 유일한 합법 정부라고 유엔으로부터 인정을 받은 이래 남·북은 정통성 경쟁을 해 왔습니다.
국제 사회에서는 한국이 유일한 합법 정부이고 북은 참칭(僭稱) 집단에 불과했기 때문에 1987년 민주화 헌법에서도 한국만 유일한 합법 정부로 표기하고 법률도 그 기조 아래 제정이 되었으나 1991년 노태우 정권의 북방정책으로 중·러를 압박하여 유엔에 남·북이 동시 가입하였기 때문에 그때부터는 남·북이 공히 국제 사회에서는 같이 인정받는 국가가 되었습니다.
노태우 정권의 북방정책으로 하나의 조선을 주장하면서 적화통일을 꿈꾸던 북한은 유엔 동시 가입으로 이젠 남침을 하면 유엔군으로부터 무력 제제를 피할 수 없는 입장이 되었고 국제 사회에서의 의무를 준수하지 않을 수 없는 입장이 되었습니다.
그런데 1987년 개정된 우리 헌법에서는 그 이후의 이러한 국제 사회의 변화를 담아 내지 못하고 지금에 와 있습니다.
남북 합의서에 표기된 국가와 국가 간의 합의가 아닌 통일을 지향하는 특수 관계라는 표현은 남·북의 통일 지향적인 표현에 불과하지 남·북이 국가가 아니라는 뜻은 결코 아닙니다.
문 대통령은 이를 되돌릴 수 없는 불가역적인 선언이라고 비준까지 했으나 이러한 남북 합의서는 국민을 기속하는 효력을 가지는 문서는 아니라는 것이 대법원 판례라고 알고 있습니다.
대통령이 서명했다고 해도 좌파 정권의 대북정책 선언에 불과하지 국민을 기속하는 법적 효력은 없다는 그런 뜻입니다.
정권이 바뀌면 아무런 법적 효력이 없다는 그런 뜻이기도 합니다.
북은 전 근대적인 세습 왕조 국가이지요.
북한이 국가가 아니라면 문재인 대통령과 트럼프는 IS 같은 테러 단체 수괴와 소위 정상 회담을 한 것인가요?

2018.10.29.(월)

오늘 책상 정리를 하다가 1985년 10월 청주지검 검사 시절에 속리산 문장대로 등산 가서 정상에서 찍은 사진을 찾았습니다.
33년 전에는 머리카락도 수북하고 주름살도 없었던 청년 검사가 이제 초로의 60대 장년이 되었습니다.
세월 무상입니다.

2018.10.29.(월)

증시가 폭락하고 경제가 나락으로 떨어지고 있는데 그것도 이명박, 박근혜 탓이라는 문 정권과 좌파들입니다.
쯔쯔쯔. 핑계로 성공한 사람은 김건모 밖에 없답니다. 안타깝네요.
정책이 자유주의 시장경제로 바뀌고 튼튼한 한미 공조하에 대북정책을 세우지 않으면 연말되면 IMF 못지않은 불황이 올 겁니다.
정책을 바꾸던지 문 정권이 물러나던지 둘 중에 하나가 되어야 나라가 삽니다.
정책 기조를 바꾸십시오.
그래야 나라도 살고 문 정권도 삽니다.

2018.10.30.(화)

냉전시대는 종식되었지만 한반도는 지구상에 남아 있는 마지막 냉전 지대입니다.
냉전이란 열전에 반대되는 용어로 휴전 상태에서 체제 전쟁을 계속하고 있는 것을 이릅니다.
이를 극복하는 방법론으로는 열전으로 승리하여 이를 종식시키는 방법, 힘의 균형을 통한 무장 평화로 체제 경쟁을 하여 승리하는 방법, 협상을 통해 평화적으로 공존 하는 방법이 있습니다.
첫 번째 방식으로 한 해결이 제1·2차 세계 대전과 월남전이라면 두 번째 방식이 미·소 냉전에서 미국이 승리한 방식입니다.
세 번째 방식으로 공존하는 나라들은 미·소 냉전 이후의 현 세계 질서라고 보시면 됩니다.
우리 자유한국당은 두 번째 방식으로 남북문제를 해결하고자 하는데, 냉전의 본질도 모르는 사람들이 이를 두고 냉전적 사고를 운운하며 국민들을 혼란케 하고 있습니다.
북과는 6.25 남침전쟁의 피어린 경험도 있을 뿐만 아니라 휴전 후 70년 동안 끝없는 도발과 최근에 와서는 적화 통일을 위한 북핵 개발도 했기 때문에 그들을 전적으로 신뢰하는 것은 휘발유를 들고 불속으로 뛰어드는 격이라고 보기 때문에 대화를 병행한 두 번째 방법만이 가장 바람직한 냉전체제 해결 방법으로 보고 이를 추진하자고 하는 것인데, 겉멋만 들고 얕은 지식만으로 국민들을 현혹하는 사람들이 우리를 보고 냉전적 사고를 운운하고 있습니다.
벌써부터 핵을 믿고 안하무인 호통치는 리선권의 모습이 바로 북의 실제 모습인줄 아직도 모르고 계십니까?
더구나 별 생각없이 이에 동의하는 일부 보수·우파들을 보노라면 아직도 웰빙에 젖어 고생을 덜 했다는 생각마저 듭니다.
노무현·문재인 식 대북관으로는 굴종으로 가는 길일뿐입니다.
더구나 국가 위기를 극복하는 방법론상의 차이를 어느 한쪽만이 옳다는 식으로 정리 하는 것이야 말로 전체주의적인 사고방식이라고 아니할 수 없습니다.
더 이상 냉전적 사고라는 말을 함부로 하지 마십시오.
국제 정치의 기본도 모르는 몰상식한 사람들이 만들어 낸 조어일뿐입니다.

2018.10.31.(수)

지난 대선 때 나는 새만금을 마지막 남은 대한민국의 산업부지로 보고 홍콩식 개발을 하여 100만 자족도시를 만들겠다고 공약을 했습니다.

전북 인구가 180만 밖에 되지 않아 도세가 약하니 새만금을 100만 자족도시로 만들고 첨단 산업과 한국 4차산업의 전진기지로 만들면 전북이 호남 발전의 중심지로 우뚝 설 수 있다고 보았기 때문입니다.

그런 요지인 새만금에 문 정권은 실패한 원전 정책을 만회하기 위해 태양광 단지를 만든다고 합니다.

지도자가 실패한 정책을 호도하기 위해 또 다른 무리한 정책을 추진 한다면 그 해악은 고스란히 국민들 부담이 될 수밖에 없습니다.

더구나 태양광 패널은 20년 후가 되면 폐 패널이 되어 처리하기 어려운 악성 공해 덩어리가 된다고 합니다.

그 문제에 대한 아무런 대비책 없이 대규모 태양광 시설을 도입 한다는 것은 아주 무책임한 국가 운영이라고 아니할 수 없습니다.

왜 중국이 고비 사막에 태양광 패널을 설치하지 않고 미국이 모하비 사막에 태양광 패널을 설치하고 있지 않는지 한번 알아보시고 국가 정책을 추진하시기 바랍니다.

2018.11.2.(금)

헌법상 양심의 자유, 표현의 자유는 무제한의 자유가 아니라 그 양심, 표현이 외부에 나타날 때는 일정한 제한을 받는 내재적 한계가 있는 자유입니다.
그럼에도 불구하고 세계 유일의 냉전 지대에서 양심적 병역 거부를 인정한 이번 대법원 판결은 대법원의 성향이 급변했다는 것을 보여주는 첫 사례일 것입니다.
어떤 대책을 마련하고 그런 판결을 했는지 의아스럽지만 문 정권의 선 무장해제에 부합하는 코드판결이라고 아니할 수 없습니다.
국가 안보는 아무리 강조해도 지나치지 않는 법인데 이제 3년도 남지 않는 정권이 오천만 국민을 김정은의 말 한마디로 이런 무장해제 상태로 몰고 가는 것을 우리는 보고만 있어야 합니까?

2018.11.3.(토)

그들 말대로 우리는 한 번도 경험해 보지 못한 세상으로 가고 있습니다.

청년 일자리 절벽, 자영업자들 폭망, 대기업 및 중소기업 해외 탈출, 공산주의식 무상분배 시대의 개막, 여론조작, 통계조작, 언론통제로 괴벨스 공화국으로 체제 변환, 선 무장해제, 국가보안법 폐지, 주한 미군 철수, 한미 동맹 와해로 대북 안전망 무력화, 김정은 우상화에 동조하기, 위장 평화통일을 내세워 국민을 현혹하여 다음 총선 때는 개헌선을 돌파한 후, 그들의 마지막 목표는 북과 야합하여 북의 통일 전선 전략인 낮은 단계의 연방제를 실시하는 겁니다.

평화를 구걸하다가 망해 버린 중국 宋나라가 떠오르는 주말 아침입니다.

2018.11.6.(화)

문 대통령은 프랑스 방문 시에 촛불시위를 프랑스 혁명에 비유했습니다. 스스로 로베스피에르가 된 것입니다.

프랑스 혁명 당시 로베스피에르는 왕과 왕비를 비롯한 수많은 왕정시대 인사들을 기요틴의 이슬로 사라지게 했고, 문 대통령은 이명박, 박근혜를 비롯한 지난 정권 10년을 부정하면서 100여명 이상의 고위 인사들을 적폐 청산의 미명하에 감옥에 보냈습니다. 그것도 모자라 아직도 민주노총, 전교조 등 혁명 전위대들과 친여 매체들을 이용해 적폐청산위원회를 만들어 한국사회 전체에 대해 인민재판을 자행하고 있습니다.

경제정책도 로베스피에르가 취했던 방식 그대로 시장의 기능을 무시하고 국가 갑질 경제, 국가 간섭 경제 정책으로 일관 함으로써 프랑스 혁명 정부가 폭망한 그 길을 그대로 가고 있습니다.

문 대통령 말대로 똑 같은 일들이 시공을 초월해서 벌어지고 있는 것입니다. 나는 이 시점에서 테르미도르의 반동을 꿈꾸는 사람들이 한국에는 과연 없는지 묻고자 합니다.

프랑스 혁명의 귀결이 테르미도르의 반동으로 온건 보수파가 완성했듯이, 한국판 로베스피에르가 폭주하는 세상을 언제까지 계속 방관해야 하는지 자문해 봅니다.

2018.11.7.(수)

YS 이후 한국 보수·우파를 대표했던 이회창·이명박·박근혜는 그나마 단단하게 하나로 뭉친 보수·우파를 상속하여 대한민국의 정체성을 지키고 자유 대한민국을 지켜왔습니다.
그런데 박근혜 탄핵 이후 궤멸되고 뿔뿔이 흩어진 한국 보수·우파를 안고 대선·지선을 치렀던 나는 리더십 부족으로 하나된 보수·우파를 만들지도 못했고 국민들의 마음도 얻지 못했습니다.
적은 밖에 있는데 우리끼리 안에서 서로 총질이나 일삼는 사람들을 보노라면 측은하기조차 하지만, 나는 그것을 판단하는 것은 오롯이 국민들 몫이라고 생각하고 지난 대선·지선을 치렀지만 기울어진 언론 운동장에서는 국민들에게 그것을 기대하기에는 난망이었습니다.
더 이상 서로 총질하는 이전투구 보수·우파는 되지 말아야 합니다. 박근혜 탄핵때 누가 옳았나 하는 소모적인 논쟁은 이제 그만 하십시오.
탄핵을 막지 못한 친박이나 탄핵을 찬성한 비박이나 모두 공범인 공동책임입니다.
그것은 나중에 인물 검증때 논의해도 늦지 않습니다.
박근혜 탄핵은 이미 되돌릴 수 없는 흘러가버린 역사입니다.
우리가 만들어가야 할 지향점은 새로운 역사입니다.
과거의 공과는 역사의 판단에 맡기고 서로 하나 되어 대한민국과 한국 보수·우파 재건에 한마음이 되어야 할 때입니다.

2018.11.7.(수)

인터넷 상에는 상스런 말들이 많은데 그중에
좌빨이라는 말이 떠돈지는 참 오래되었습니다.
그런데 요즘은 우빨이라는 말도 유행한다고 합니다.
무슨 말인가 물어보니
좌파 빨아주는 가짜 우파를 말한다고 합니다.
요즘 그런 사람들이 참 많아졌습니다.
대통합, 참 좋은 말입니다.
그러나 이러한 우빨 행적으로 정치 생명을
연장하려는 양아치들은 통합 대상이 될 수도 없고
들여서도 안 될 것입니다. 트로이의 목마 같은
사람들은 더 이상 들어와서는 안 될 것입니다.
인위적인 통합이 아니라 총선에 가면 그 사람들은
국민들이 알아서 자연 소멸시켜 줄 겁니다.
민심이 천심입니다.

2018.11.7.(수)

더 이상 바른 미래당에서 영입할 사람은 없습니다.

박인숙 의원을 끝으로 바른 미래당의 새누리당 출신들은 영원히 배신자 그룹이 되었습니다.

내가 당대표 시절 그렇게 수모를 당하면서도 통합을 하려고 노력했으나 그들은 오지 않았습니다.

그 결과 지난 지방선거 때 그들이 기초.광역단체장을 당선 시킨 일이 있었습니까?

내 기억으로는 극소수의 기초.광역의원을 제외하고 기초.광역단체장은 아마 한명도 없었던 것으로 압니다.

그들의 지선에서의 득표율을 보면 알 수 있습니다.

총선을 앞두고 바른 미래당의 호남 출신들은 민주당이나 평화당으로 갈 것이고, 새누리당 출신들은 자연 소멸될 것입니다.

이당 저당을 떠돌던 그 당 대표는 산산이 부서진 이름이여를 부르면서 정계 은퇴를 할 겁니다.

그것이 민심이고 천심입니다.

2018.11.9.(금)

이 땅에 문민정부 시대를 연 김영삼 대통령을 좌파들은 뺑영삼이라고 늘 조롱했습니다.

IMF환란을 극복한 김대중 대통령을 우파들은 X대중, 핵대중으로 폄하했습니다. 그를 이은 노무현 대통령을 우파들은 놈현이, 노구라라고 놀렸습니다.

리먼 브라더스 세계적인 금융위기를 극복한 이명박 대통령을 좌파들은 집권기간 내내 쥐박이라고 불렀습니다.

탄핵으로 파면된 박근혜 대통령을 좌파들은 터무니없이 머리가 비었다고 닭근혜, 발끈혜로 늘 조롱하고 폄하했습니다.

문재인 대통령 시대에 와서는 우파들은 문재앙, 문죄인으로 지금 부르고 있습니다. 더불어 나를 두고는 좌파들은 내가 하지도 않은 46년 전 하숙집에서 있었던 발정제 사건을 덮어 씌워 홍발정이라고 조롱하고 있습니다.

나아가 박근혜 탄핵 당시 내가 빗대어 말한 향단이론을 비꼬아 친박들은 나를 홍방자라고도 합니다.

그러나 사감으로 폄하하고 조롱하는 것은 국격을 떨어트리는 것이라는 것을 왜들 모르는지 안타깝습니다.

그런데 나라의 재앙이라는 문재앙보다는 홍발정이 더 낫지 않습니까? 문죄인보다는 국민의 방자인 홍방자가 더 낫지 않습니까?

오늘은 미 중간 선거 결과가 한반도에 미칠 영향을 생각하는 불금입니다. 행복한 주말 보내십시오.

2018.11.10.(토)

지난 3월 지방선거를 앞두고 나는 당에 경제 파탄 대책 특위와 북핵 폐기 대책 특위를 만들어 경제와 안보 파탄에 대비하고자 했습니다.
문 정권의 경제 대책을 보니 연말이 되기 전에 경제 파탄은 올 것으로 보았고, 대북 정책을 보니 지금은 평화 무드이지만 북핵의 폐기 가능성은 전혀 없어 보입니다.
11.6. 미국 중간 선거가 끝나면 트럼프가 본색을 드러낼 것으로 보아 북의 평화 공세는 위장 평화 공세 라는 것이 밝혀 질 것으로 나는 보았습니다.
그러나 그 당시 국민들은 문 정권에 속아 내 말을 막말로 치부하고 우리는 지방선거에서 참패했습니다.
그러나 경제는 내가 예측한대로 문 정권 하에서는 회복하기가 난망할 것으로 보이고, 안보도 북의 위장 평화 공세가 미국에 의해서 곧 드러날 것으로 보입니다.
트럼프의 북핵 쇼도 하원을 장악한 민주당의 견제로 불가능하기 때문에 미국도 대북 유화 정책을 계속 하기가 어려울 것입니다.
그렇게 되면 문 정권도 더 이상 북의 위장 평화 공세에 맞장구치지 못할 것으로 나는 판단합니다.
안보 파탄도 오는 것이지요.
경제 파탄 예측과 북의 위장 평화 공세를 바르게 지적한 나를 막말로 몰아붙인 그들이 그때 가서는 무슨 말을 할까요?

2018.11.11.(일)

나는 경제정책을 기업에게는 자유를 주고 자유시장 경제 정책을 취하지 않고 좌파 정책을 취하면 경제가 더 어려울 질 것이라고 수차례 경고 한 바가 있습니다.
강성노조에 얹혀 노조의 나라를 만들면 이 땅에 제조업이 그리스처럼 없어질 수도 있다고도 경고했습니다.
최근 경제 수장들을 경질했지만 그 사람들은 김&장 보다 더 좌파 정책을 추진하고 나라의 살림은 더욱더 어려워질 것입니다.
대북 정책도 굳건한 한미 공조 아래 힘의 균형을 통한 무장 평화 정책을 주장했지만, 그들은 선 무장 해제를 하고 군대를 무력화 시키고 일방적으로 항복 선언을 하고 있습니다.
이것을 그들은 평화 프레임이라고 국민들을 현혹하고 있습니다만, 평화를 싫어하는 국민들이 어디 있겠습니까?
평화로 가는 방법상의 문제가 틀렸다는 것입니다.
군 수송기로 북에 보냈다는 귤 상자 속에 귤만 들어 있다고 믿는 국민들이 과연 얼마나 되겠습니까? 이미 그들은 남북정상회담의 대가로 수억 달러를 북에 송금한 전력도 있었습니다.
최근에는 유엔제재를 무시하고 석탄을 몰래 거래하는 사건도 있었습니다.
이러다가 한국이 미국이나 유엔으로부터 세컨더리 보이콧을 당하지 않는다는 보장이 있습니까?
살얼음 딛는 듯한 요즘입니다.

2018.11.11.(일)

DJ 시절에 청와대 고위층이 LA친지를 일주일 정도 방문하면서 난 화분 2개만 가져갔다고 청와대에서 발표했으나 트렁크 40여 개를 가져간 사진이 들통 나 우리가 그 트렁크 내용물이 무엇이냐고 아무리 추궁해도 답변 않고 얼버무린 일이 있었습니다.

그들은 그렇습니다.

과거에도 북으로부터 칠보산 송이 선물을 받은 일이 있었지만, 이번처럼 답례로 선물을 보낸 일은 없는 것으로 기억합니다.

이 정권의 속성상 대북제제가 완강한 지금 그런 형식을 빌려 제제를 피해 갈려는 시도도 있을 수도 있다고 보는 것이 아마 상식일 겁니다.

의심 받을 만한 위험한 불장난은 하지 말았으면 합니다.

2018.11.12.(월)

4년 4개월 동안 하방하여 경남지사로 내려가 있다가 여의도로 돌아 와서 보니 정치판에 싸이코패스 같은 사람들이 참 많아졌다는 생각이 들었습니다.

자기가 계파 보스로 모시던 주군을 등 뒤에서 칼을 꽂고 그것을 개혁으로 포장하는 사람, 바람 앞에 수양버들처럼 시류에 따라 흔들리면서 카멜레온처럼 보호색을 바꾸어 정치 생명을 연명하려는 사람, 5분마다 생각이 바뀌어 도무지 무슨 생각으로 정치를 하는지 알 수 없는 사람, 거물을 씹으면 자기도 거물이 된다고 착각하면서 주야 장창 거짓 논리로 거물을 흠집 내는 것으로 언론에 한 줄 나기를 바라는 사람, 가발 쓰고 춤추고 흔들며 사드 괴담을 퍼트리고도 단 한 번도 잘못했다고 말하지 않고 오히려 가짜 뉴스 단속하자고 앞장 서는 사람, 어느 계파가 그들 세상일 때는 누릴 것 다 누리고 그 계파가 몰락하니 이제 와서 자기는 중립이라고 떠드는 사람, 나라가 어떻게 되든 말던, 당이야 어떻게 되든 말든, 자기 자신이 국회의원 한 번 더 하는데 인생의 목표가 있는 사람, 이런 사람들이 여야에 널리 퍼져 있어 여의도 정치판이 혼탁해지는 겁니다.

다음 총선에서는 국민 여러분들이 나서서 이런 사람들은 여야를 막론하고 정리해 주셔야 여의도 정치가 바로 섭니다.

2018.11.13.(화)

박근혜 대통령과 첫 인연은 1998.4.달성 보선 때부터 입니다.
당시 박근혜 대통령은 문경·예천 보선에 나가고자 했으나 강재섭 특보가 그곳은 나갈 사람이 있으니 달성으로 해 달라고 이회창 총재에게 요구하여 달성에 출마하게 되었습니다.
그 당시 달성 선거의 민주당 후보는 엄삼탁 전 병무청장이었고, 정권교체 후 첫 선거여서 민주당과 엄후보측의 대규모 물량공세로 박빙 승부가 예상될 때였습니다.
나는 그때 엄삼탁 후보를 슬롯 머신 사건으로 수사를 한 전력이 있어서 엄 후보를 잘 안다고 그의 비리를 공격하는 연사로 차출되어 박근혜 의원 만들기에 진력을 다했습니다.
의원이 된 후, 그 해 8월 총재로 재 선출된 이회창 총재께서 부총재를 지명할 때 대구 백 모 의원의 부탁으로 이총재를 찾아가 박정희 대통령의 상징성을 들어 부총재로 천거하기도 했습니다.
그래서 정계 입문 몇달 만에 일약 부총재가 된 박근혜 대통령은 그때부터 승승장구 했지요.
그 뒤 박근혜 대통령은 이회창 총재와 불화로 탈당하고 한국 미래연합을 창당하여 지방선거에 임했으나 참패하였고, 2002.11. 대선을 앞두고 복당을 했습니다.
2004.4. 노무현 탄핵 때는 그 당시 당 대표였던 박근혜 대통령이 내 지역구에 다른데 유세 가는 길에 오전 9시 45분 쯤 15분 정도 잠시 들른 일이 있었지만 유세는 사람들이 모이지 않아 한

일이 없었습니다.

그리고 15·16·17대 국회의원을 같이 하기는 했으나 거의 만난 일이 없었습니다.

2007.3. 당내 대선후보 경선 때 국민일보 빌딩에서 만나 자신을 도와 달라기에 나는 의리상 이명박 후보를 도울 수밖에 없다고 거절한 일도 있었습니다.

18대 국회에 들어 와서 원내 대표와 당 대표를 할때도 박근혜 대통령을 만난 일이 거의 없었고, 두 차례에 걸친 당 대표 선거 때도 나는 박근혜 대통령의 도움을 받은 일이 없습니다.

경남지사로 내려 갈때는 두번에 걸친 당내 경선에서 친박들이 똘똘 뭉쳐 나를 떨어 뜨리기 위해 온갖 공작을 다한 일도 있었고, 성완종 사건 때는 나를 희생양으로 삼아 친박들을 구했지만 나는 단 한번도 박근혜 대통령을 원망하거나 비난한 적이 없습니다.

심지어 최순실 사태로 탄핵이 될 때에도 나는 공개적으로 탄핵을 반대했고, 지난 대선때도 헌재 탄핵 결정은 잘못된 것이라고 설파하기도 했습니다.

나는 박근혜 대통령과 같은 당에 있었을 뿐 친박도 아니고 같은 정치 노선을 걸은 일도 없습니다.

채권도 없고 채무도 없다는 것입니다.

그런데 탄핵 대선 때부터 박근혜 대통령을 팔아 정치 생명을 연명하는 사람들이 나를 패륜, 배신 운운하는 것을 보고 참으로 당혹스러웠습니다.

애초부터 서로가 신뢰를 가졌던 관계가 아닌데 무슨 배신이 있을 수가 있으며 계보원도 아닌데 무슨 패륜 운운을 할 수 있습니까?
박근혜 대통령 출당도 그렇습니다. 당이 어려우면 YS도 DJ도 MB도 탈당했습니다. 더구나 보수·우파 궤멸의 책임을 진 박근혜 대통령은 알아서 탈당했어야 합니다.
정치는 결과 책임입니다.
그런데 침묵으로 일관하고 있었고, 복당파를 받아 들여야 개헌 저지선을 확보할 수가 있기 때문에 그들과 출당을 약속하고 받아 들인 이상 박근혜 대통령을 출당시키지 않을 수가 없었습니다.
어차피 정치 재판인데 자연인 박근혜로 재판을 받는 것이 더 유리하다는 판단도 있었습니다.
일부 유튜브에서 아직도 박근혜 팔이로 장사하고 있는 사람들을 보면 측은하기도 하지만, 그것도 그들의 생존 방식인데 나는 그것을 두고 가타부타 하지 않습니다.
우리가 선거에 이겨야 이명박·박근혜 두 대통령의 누명도 벗기고 살릴 수가 있는데, 지난 일을 두고 서로를 비난 하고 헐뜯어서 이땅에 보수·우파가 살아날 수 있겠습니까?
더 이상 흩어지고 갈라진 보수·우파가 되어서는 안 됩니다.
진정으로 이명박·박근혜 두 대통령을 사랑하고 아낀다면 모두 단합하여 나라 망치는 좌파 정권과 싸울 때입니다.

홍준표의 희망편지②
꿈꾸는 옵티미스트

초판 1쇄 · 2018년 11월 30일

글쓴이 · 홍준표
펴낸이 · 박선주 기 획 · (주)봄봄미디어
펴낸곳 · 봄봄스토리
등 록 · 2015년 9월 17일(No. 2015-000297호)
전 화 · 070-7740-2001
팩 스 · 0303-3441-2001
이메일 · bombomstory@daum.net

ISBN 979-11-89090-05-0(03340)
값 15,000원